初中体育教学的理论与实践研究

赵一峰　著

北京工业大学出版社

图书在版编目（CIP）数据

初中体育教学的理论与实践研究 / 赵一峰著 . — 北京：北京工业大学出版社，2021.10 重印

ISBN 978-7-5639-5710-1

Ⅰ . ①初… Ⅱ . ①赵… Ⅲ . ①体育课—教学研究—初中 Ⅳ . ① G633.962

中国版本图书馆 CIP 数据核字（2018）第 148837 号

初中体育教学的理论与实践研究

著　　者：赵一峰
责任编辑：张慧蓉
封面设计：王　斌
出版发行：北京工业大学出版社
　　　　　（北京市朝阳区平乐园 100 号　邮编：100124）
　　　　　010-67391722（传真）　　bgdcbs@sina.com
经销单位：全国各地新华书店
承印单位：三河市元兴印务有限公司
开　　本：787 毫米 ×960 毫米　　　1/16
印　　张：11.5
字　　数：206 千字
版　　次：2021 年 10 月第 1 版
印　　次：2021 年 10 月第 2 次印刷
标准书号：ISBN 978-7-5639-5710-1
定　　价：52.00 元

前　言

在我国学校教育中，初中阶段的教育尤为重要，而从素质教育的角度上来看，初中体育教育的地位尤为突出，在整个学习阶段中占据相当大的比重。

众所周知，任何一门学科的教学要想取得不错的教学成果，都离不开教师与学生的通力合作。教师和学生只有共同一心、双向创新，才能保障教学的顺利开展。本书即以此为出发点，对初中体育教学的理论及其实践进行系统而具体的阐述。

本书以章节布局，共分为六章。首先，对体育运动的相关概念与初中体育教学的目标、内容与课堂教学进行了分析，包括体育的概念、健康与体质以及体育锻炼；其次，对学生运动参与的教学策略和意义予以分析，之后对初中体育教学内容进行讲解，并给出相应的教学建议；最后，对初中体育课程资源与体育学习进行了评价。

从整体上来看，本书内容充实而全面，条理清晰，结构具有逻辑性，理论联系实际，力求兼备体育教学内容的广度与深度。作者在撰写本书的过程中，虽力求完美，但由于时间与精力有限，书中难免会有疏漏与不足之处，对此希望各位专家学者及广大读者予以批评指正，以使本书更加完善。

目　录

第一章 体育运动概述

在众多课程的教学中，体育这门课程的教学不同于其他学科，不仅能够增长学生对于生理方面的知识面和各种体育类技能，还能够促进学生强身健体、全方位发展，最为关键的是引导学生道德及健康的心理素质有序提高。体育课程的学习对于学生素质的培养有着极大的推进作用，学校体育教学（体育课）是学校教育课程教学计划的内容之一，是学校体育的基本组织形式，是学校体育工作的中心，并且自始至终都是双面性的，需要师生互动合作。体育教学同样也是这样一门具有教学艺术性的学科。

第一节 体育的概念

一、体育的概念

众所周知，体育不是一个有具体含义的词，而是把运动的层次分门别类，从宏观上看分为"广义"和"狭义"两种。

从广义的角度上来说，体育代表着体育运动，人类可以通过身体练习，达到增强体质的作用，除此之外，还能够提高运动技术水平，丰富社会文化生活，体现社会政治、经济科学等以综合实力为目的的一种有意识、有组织的社会文化活动，简而言之，体育是人类以自身运动为主要手段，改造自我身心的行为或过程。

而从狭义角度上来看，体育是一种以身体健康为核心的思想内涵，将身体健康作为领导思想的群众性体育运动，主要形式是全面运动和学校运动。体育是学校教育的重要组成成分，对于培养积极向上的青少年具有重要意义。

学校是培养高品质、高素质人才的地方，但大部分学生将主要精力放在语、数、外等学习上，沉重的学业压力使他们忽略了身体的锻炼，身心健康水平不容乐观，这直接影响中国21世纪人才的培养。为此，国家教育委员会于二十世纪末发布了《学校体育工作条例》，明文规定学校要组织体育课教学，开展课外体育活动、课余体育训练和体育竞赛。这对于学生保持身体的健康和认真学习，具有指导性的意义，同时在中国体育教育事业上起到里程碑的作用。

从时间上来看，自中华人民共和国成立后，伴随着对外开放，近代体育逐渐传入，"体育"一词在我国出现的越来越频繁。这时的体育主要指与维持和发展身体的各种活动有关联的一种教育过程。近几十年来，随着社会的进步，体育实践的不断发展以及世界各种文化的交流、融会，体育在其内容、形式、方法上不断增多，扩大的同时又逐步分化出身体教育、竞技运动和身体锻炼三个既有区别、又相互联系的组成部分。现代体育教育正逐渐发展壮大，与传统的教育事业一起被视为我国学校教育的重要组成部分。

学校体育在体育发展当中占据的重要性毋庸置疑，并且学校体育与社会体育紧密相连，体育课程又是增进国民健康的重要途径，故在各个国家尤其是经济领先的发达国家都将体育课程作为国民身体健康指标持续上升的基础。

二、体育的功能

体育的主要意义是它在对人类和整个社会发展进程所起到的推动和促进作用。人们只有了解体育含义，才能有目的、有意识、积极主动地发挥其功能，将体育的作用发挥到极致。

（一）健身

研究者通过对大量实验数据的观察与分析得知，一般人恢复身体上疲劳的方式分为主动、被动两种方式。主动的人们会借用运动来消除身体疲惫，从而恢复自身的活力，这样一来身体的恢复性能时间也会越来越短，而被动的方式就是任由身体自行恢复，不予以任何帮助。然而这样的被动方式其实是恶性循环的开始，大量的研究数据表明焦虑或疲惫的状态会在人们进行健身的过程中逐渐消失，逐步平复。故而健身不仅能塑造完美形体，保持身体健康外，还能够稳定情绪，帮助人调节情绪。

健身锻炼是体育所具有的对人类健康最大的功能，是选择体育的其他功能的基础。体育的基本活动方式是借助身体运动来完成的。人在进行身体运动时，机能和器官受到影响、并产生适应性变化。适宜的体育运动使人体器官和身体机能产生不错的适应性变化，从而提高人的身体健康水平和适应能力。体育运动的形式多种多样，可使人体进行全面的活动，所以对人体可产生较为全面的影响。现代奥林匹克运动创始人顾拜旦在《体育颂》中写道："啊！体育，你就是培育人类的沃地！你借助最直接的途径，增强民族体质，矫正畸形躯体，防病患于未然……"毛泽东同志在《体育之研究》一文中表示出："体育于吾人实占第一之位置，体强壮而后学问道德之进修勇而收效远。"

通过上文中我们所说的这些就能看出来，强身健体是体育作用于人体所产生的最直接功能。人们可以有效地通过每天的锻炼塑造完美体形，保持身体的健康和精力充沛。大量科学家的实验数据显示，体育可以从下面几个方面改造人体。

1. 加强人体对陌生环境的适应能力

人体对陌生环境适应能力的加强，可明显减少水土不服等现象的发生。体育运功不仅能增强人的免疫力，提高对疾病的抵抗能力。它还能提供许多使人体处于非常态（如倒立、悬垂、滚翻等）条件下的锻炼，同时，由于只有少数运动能在室内进行，大多数的运动都是在各种气候条件不同的地方进行的，故而环境条件的不断改变能够加强人体对陌生环境的适应能力，减少身体不适等现象的发生。

2. 加速人体的新陈代谢速度

人体的新陈代谢速度的加快，可提升机体代谢速率。体育运动对于人类生理素质的提高有着极强的促进作用，在快速运动的情形下人类的各项生理指标都会活跃起来，身体几大主要系统都加速运转从而使人体受益。如经常运动能使心脏产生运动性肥大，心肌增厚，心肌容积增大。在机能上，心脏的每搏输出量增加，而心搏频率减慢，出现"节省化"现象。随着每日坚持锻炼，人的肺活量也会随之增加，呼吸频数下降。

3. 改善人的精神状态

人精神状态的改善，可以使人能够迅速调整情绪，保持良好心态。坚持运动能帮助人们缓解紧张的情绪，释放压力，消除负面情绪的干扰和影响。美国心理学家德里斯发现，跑步能成功地减轻学生在考试期间的忧虑情绪。一般来说，当人情绪不稳定时，放下手中事情，运动一段时间，人的精神会彻底放松并保持心情的舒畅。

4. 加速人体细胞分裂

从一方面来说人体细胞分裂的加速，可使人体肌肉骨骼情况得以改善。婴儿之所以成长速度快就是得益于新陈代谢的速度远高于成年人，成年人长大后身体的发育就开始缓慢甚至走向衰老，要想保持年轻，势必需要加速细胞的繁殖，从而使身体的各项技能有所改善，而运动就是最快且最有效的捷径。同时大量事实表明，酷爱运动的青少年长个子的速度和时间都要比寻常人周期长很多。

从另一方面来说，人们通过长时间的实践可以发现，经常进行运动，还可以促使骨骼变粗，骨密质增厚，骨抗弯、抗折、抗压的能力增强。实验证明，普通人的股骨，承受300kg的压力就会折断；但运动员的股骨，却可承受350kg的压力而不会折断。人体的任何运动都是借助肌肉工作来完成的，发达而结实的肌肉能提高人体劳动力和运动能力，也是人体美的重要体现。经常从事运动，可以改善肌肉的血液供应情况，增加肌肉内的营养物质，特别是蛋白质的含量，使肌纤维变粗，工作能力增强。一般人肌肉重量只占体重的40%，而运动员肌肉重量可占体重的45%~50%。除此之外，运动降低了人体的体脂率，增加人体肌肉含量。因为肌肉含有更多能量，所以在遭遇极端情况如食物短缺时，可以增加人的存活率。

（二）育德

体育除了有提升智力和个人身体状况，保持身体健康、身心愉悦的功能外，也能够培养人的道德品质，提高人的素质素养，塑造人艰苦耐劳的优秀品质，或者说从一开始人们就赋予体育以育人的功效，这种功效随着社会的发展和进步而被强化。《中共中央、国务院关于进一步加强和改进新时间段体育工作的意见》表示："体育作为一种群众广泛参与的社会活动，不仅可以增强人民体质，也有助于培养人们勇敢顽强的性格、超越自我的品质、迎接挑战的意志和承担风险的能力，有助于培养人们的竞争意识、协作精神和公平观念。"此次报告中的内容清晰阐释了现代体育对于国民健康，甚至于整个社会和国家风气的培养都具有强大效果。

一个人拥有健康的身体不一定拥有值得人尊敬的道德品质，但二者兼备是国家对于新时代人才的要求。在体育活动的过程中，活动者不仅借助身体运动使自身机体得到锻炼，使自己更加强健起来，同时由于体育的形式、规则和要求等，还使活动者在活动过程中的意志品质、道德观念、集体主义思想等得到强化。

（三）益智

体育运动能够调节人的神经系统，使大脑保持清醒和警觉性，提高人的工作效率，有益于大脑的进一步开发利用。智力是大脑工作能力的具体体现，与大脑的健康发展水平密切相关。毛泽东在《体育之研究》中表示出："夫知识之事，认识世间之事物而判断其理也，于此有须于体者焉。直观则赖乎耳目，思索则赖乎脑筋，耳目脑筋之谓体。体全而知识之事以全。""今世百科之学，无论学校独修，总须力能胜任。力能胜任者，体之强者也；不能胜任者，其弱者也。强弱分，而所任之区域以殊矣。"大量数据显示，人脑的聪明程度即大脑的开发利用程度和身体的健康水平有着密切的关系。

当人类处于孩童期和青春期时，适当的身体锻炼能够加快其生长发育，同时提高大脑的开发程度和利用率，强化其中枢神经系统与外周应答系统之间的联系。所谓心灵手巧，大抵如此。

根据最新的研究结果显示，人们身体的健康情况和智力情况有着密切关系，二者能够相互促进，相互协调。同时，体育运动也是个体智力发展的重要途径，对于儿童来讲，经常进行适量的体育活动不仅有利于各种感觉器官的发育和发展，也有利于大脑的开发利用。

（四）社会功能

根据我国基本国情，在计划生育的基本国策下家庭多为独生子女，青少年在家备受溺爱乃至于性格颇为任性、随意，而且个性过于依赖父母等长辈。因为长时间生活在安逸的环境中无法理性应对外界的状况，所以人际关系的处理和社会活动等方面相对薄弱。

体育运动就有益于培养学生面对困难不畏艰险，勇敢善良，爱护同学，懂得团结协作，教会学生和他人相处。

1. 具有积极的社会责任感

学校体育课程的设置能够加深学生对于体育活动权利和义务的认识程度。人们总是把体育娱乐活动视为一种爱好，并非与自身利益挂钩，其实这是我们每一个独立的个体所享有的基础权利，是我们所享有的不可侵犯的权利，我们理应重视并且捍卫自己的权益。国家就有相关的法律法规，其中1978年的《体育运动国际宪章》就明确规定："初中生活中体育课程的设置不仅能够加深学生对于体育活动权利和义务的认识程度，也能使他们在未来的学习生活中更好地了解和执行自己应有的权利和义务，保护自己应有的权利不被侵犯。"

2. 培养人际交往能力

学生对社会适应能力的高低对其走入社会发挥着重要的作用，这项能力也越来越受到社会的重视，每个人都不可避免地要踏入社会，为了自己的生活和未来努力拼搏，因此，适应能力和抗击打能力在这里就显得尤为关键。而且无论是心理素质还是身体素质都面临着巨大的考验。在体育活动中，学生们提前经历了类似于未来社会中要出现的一些小情境，如比赛中的竞争、团队的合作、获奖或是遗憾等，这些有益于学生与人和谐相处，提高他们的社会交往能力以及情商。

人是群居生物，需要与人群在一起才能够存活和生存，这期间交互往来形成的就是人际关系。在当代，由血缘关系相伴而成的人际关系正随着家庭的小型化而变得愈发简单，不过随着社会联系的加深，这些人际关系也就逐渐复杂起来。对于学生而言，具有良好的人际交往能力非常重要，这是学校对于学生的要求，也是社会对精英人才的要求，这些素质品质在社会生活中占据着越来越重要的地位。

3. 养成不错的合作精神和竞争意识

作为新时代的学生，我们都应该注重培养合作精神和竞争意识。人类学家的研究表明，社会形态越低，竞争意识就越淡薄。从古至今流传下来的儒学思想固然重要，但是拿捏的尺度也很重要，一味的退让和谦和并不利于当今社会学生的积极成长。竞争的特性在体育活动中表现得非常明显，这和它自身就要求参与者努力争取的特性不无关系，从而也更好锻炼学生的竞争能力。

团队是由众多独立的个体组成，团队精神自然也是由大家共同凝聚而成，只有团结一心才能百折不挠。在团队中，每个人都有自己的定位和重要性，要明确好合作和个人行动的时机，在实践中才能获得更多知识。一方面，合作意识在体育活动中扮演着决定作用，也同样是体育活动想要达到的目的。另一方面，学校中的体育活动给学生赋予了非常多正式的角色，如球队中的前锋、中锋、后卫等角色，通过这样的方式让学生身临其境的去感知远比课本上的谈论有意义得多。在与团队中其他成员磨合中也能帮助他们在潜移默化中养成合作的意识，所以说对于初中生进行体育教学非常有必要，这不仅对他们当今阶段的成长有益处，对于他们的未来也有着不可低估的作用。

三、体育运动的分类

（一）社会体育

社会体育和学校体育属于两个不同的板块，两种都是体育的重要分支。类似健身娱乐等都得到大众的广泛参与。社会体育的参与者是广大民众，所以参与角色多样，活动范围多样，适应性也非常强，庞大的参与者数量也让社会体育成为参与人数最多的群众性体育活动，在当代体育中占据重要位置。

（二）终身体育

当一个人终身投入体育活动，每日坚持锻炼，并合理安排自己的作息时间，保持身心健康，从中学会坚毅和勇敢的品格时，那么可以说这就是终身体育了。终身体育在其结构体系上强调了人的不同时间段，即不仅包括小学、中学、大学的学校体育项目，还涵盖婴幼儿、学前儿童、成年人、老年人以及妇女和残疾人体育。实际上，它不仅是学校体育，还是包括人的一生中从出生到生命结束时的终身体育。

（三）体育教育

现在学校越来越重视体育方面的教育，除了加设体育课程，还把体育成绩作为学生期末考评的重要指标。此外，这同样是全民体育这一口号落实落地的基础，作为体育与教育的良好结合体，学校在体育教育中扮演着重要角色，这也同样是我国教育事业发展战略的重点工作。

（四）竞技体育

竞技体育是从体育中衍生出的重要组成部分，即人们在特定的方面进行成绩好坏的竞争，这就是竞技体育。竞技运动"sport"原出于拉丁语"Disport"，表示"离开工作"进行游戏和娱乐活动。当今，竞技体育不仅继续秉承全面促进人们身体素质发展的初衷，也在这一基础上更加强调人们体力、智力在体育竞技中的较量，通过较量获取优异的成绩。而随之而出现的训练活动以及"更高、更快、更强"这一目标，充分倡导"公平竞争"与"重在参与"的经济原则。

第二节 健康与体质

一、健康与体质的关系

人的体质和先天条件有关，但是可以经过后期的努力进行调整，人的健康同样如此。体制和健康并非不可更改，而且二者还有着不可分割的双向促进作用。生活活动是人自然属性的一方面，同样是人体运动的基础。而身体运动与生命活动相辅相成，前者的存在有效促进了后者的健全发展，是人体社会属性的体现。如果仅仅满足生命活动，那么身体运动的发展就会受到限制；而过度进行身体运动，又会对人体生命活动造成损害，因此，两者既是矛盾冲突，又是对立统一的整体。人们只有平衡好身体健康与运动，才能维持体质的平稳，并且保持身心的健康。

人只有同时拥有不错的身体素质和不错的健康水平才能保持自己身体的真正健康，这二者是不可替代的，一个只有良好身体素质的人不可能拥有不错的健康水平，反之同理。例如一个身体健康的人，必然有一个不错的身体素质；而身体素质不错的人，也必须要有健康的保证。健康反映了人体内部与外部环境之间矛盾运动的对立统一结果；体质是身体矛盾运动斗争的反映。所以，体质是以人的生命活动的自然属性为基础的，其社会属性是自然属性的延伸或扩展。如果没有健康体能做基础，就谈不上竞技体能的发展。如今各大疾病的传染率逐渐增加，加深了人们对于健康的重视程度，也更加注意自己的饮食和身体锻炼。

基于此，对"体质"的理解也应该具有辩证的思维，不能单纯地将其与身体健康混为一谈，即便是身体健康的人，在体质上也存在差异。在评价一个人的体质时，应该充分考虑人的形态、功能、身体素质以及对环境、气候适应能力和抗病能力等方面。我们不能从单一的方面判断人是否拥有健康的体魄，反之应该从多个方面入手进行考察，如饮食习惯、生活习惯还有精神状况等方面，都对人的健康情况有着重要影响。

二、体质与体力

（一）体质的概念与内容

体质的决定因素分为先天和后天两部分，先天主要靠父母遗传，而后天体质则取决于自己的生活状态和各种习惯。体质具体体现在人体的方方面面，如形态、生理、心理等方面，这其中人体的身体功能、生理心理以及运动能力相辅相成，都是人体必不可少的因素。

客观上，体质是人进行各项活动的物质基础，在发展和消亡的过程中表现出非常鲜明的阶段性表现，体现为最佳状态到疾病严重的过程。健康的身体大多数拥有良好的父母遗传基因，并且后天也加强身体锻炼，维持良好的饮食习惯，并且生活规律，最终拥有一个良好的整体状态。

当人体外在拥有良好的体形和精神状态时，才可能会拥有很好的体质，这是根本。人体的生理功能、体能和心理素质是体质在主、客观方面上的体现，不同形态的影响下生理功能表现也就不同。而身体各个器官的机能对外表现称之为体能，在提升体能的同时身体形态结构、生理功能也会随之而改变。在体能体形等因素的不断提升下，人的心理状态也会有较大的改变，不论是形态结构、生理功能还是体能的提升，都会对人体的身心健康起到促进作用。

根据以上的探究，体质大致反映在如下几个方面：①身体形态的发育，包括身体体格、姿势等。②生理功能，为身体各器官的外在表现。③身体素质和运动能力的发展，体现为运动速度、爆发力量、协调能力以及柔韧性和走、跑等身体活动能力；④心理素质，即智力、意志力、感知、个性等；⑤适应能力，表现为对环境的适应能力。总而言之，体质是包括体格、体能、适应能力等方面的综合外在表现。

（二）体力的概念与内容

体力，指身体运动的能力，人只有拥有体力才能完成各种生命活动。因此，它同时指代运动能力，也指劳动能力。大多数情况下体力表示身体的运动能力。

对于体力概念的阐述，国内外众多学者有不同的看法，而且名称各异。日本学者把体力分为行动体力和防御体力两类，它的内容包括身体素质及对生命和健康有威胁的应激所产生的各种抵抗力。在这方面中国学者和日本学者的观点极为相似。中国学者的分类如图1-2-1所示。

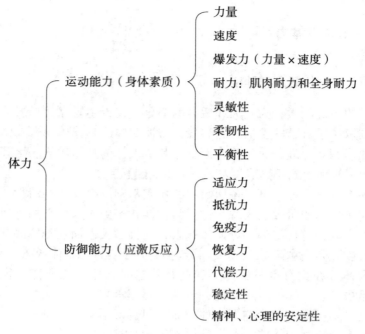

图1-2-1 体力分类

第三节 体育锻炼

对于体育锻炼，如果换个角度去看，就能够得到很多不一样的收获。从生活本质角度看体育锻炼，是一种利大于弊的存在。体育锻炼在发展过程中，因其特殊的作用而被人们广泛认可和接受，并在实际中受到更多的关注和实践。

所谓体育锻炼其实就是人们对身体进行各种训练的活动，其中夹杂着器具以及不同的行为方式，目的就是强身健体、丰富生活、提升自身综合素质。实践证明，体育锻炼能促进人体新陈代谢的同化与异化作用的不断转化和加强，从而改善和提高人的体质。体育锻炼的目的在于发展人体的形态结构，塑造人的标准体形。不仅如此，体育锻炼还能提高人体的整个生命系统的免疫功能；对消除工作、学习和劳动后的疲劳大有裨益，能起到休息和放松的作用。

一、体育锻炼的优点

（一）稳定情绪

体育锻炼除了有稳定情绪的功效，还能预防和治疗某些疑难杂症。所以，经常进行体育锻炼能提高人们的身体素质、改善人们的心血管系统功能；能调节精神，锻炼意志，改变人的性格，培养人们勇敢顽强、自信、果断的精神；还能使人们掌握生存技能，起到"健身、健心、健美"的成效。

（二）不受年龄限制

体育锻炼在社会上有很大的群众基础，很多热爱健身的人无论男女老少都会选择早起晨练或是晚上进行适当的运动。当然并不是每一项运动都适合，人们选择运动的同时要结合自身的实际情况去针对性加以训练。这种训练不受场地和人数的控制，可以轻松随机一些。

（三）缓解疲劳

体力劳动和体育锻炼既有共同点，又有不同点。尽管体力劳动也有锻炼身体的作用，但是，有些劳动常常是在某种固定姿势下进行的，易引起局部肌肉疲劳，形成局部劳损或患职业病，而且还会因长期缺少全身性活动，致使心肺等功能下降，体质变弱。而体育锻炼则是一种有目的的锻炼过程，它非常注重人们身体素质、机能能力的全面发展。所以，有别于体力劳动的是体育锻炼能够使人强身健体、延年益寿。

二、体育锻炼涵盖方面

体育锻炼囊括诸多方面，以目的和要求为衡量标准的话大致可以分为以下几种。

（一）医疗体育与康复体育

一般医疗体育与康复体育是为在某些身体部位损伤后进行治疗并起到恢复功能的体育。其应在医生或专门护理人员指导下进行，根据疾病的性质有针对性地采用体育锻炼手段和方法，达到治疗疾病，矫正缺陷，早日康复的目的。

常选用的主要内容有：散步、慢跑、气功、太极拳及各种保健操、矫正操、韵律操等。但在具体内容的选择时，要根据自身情况进行选择，切忌要以自身安全为首要考量。

（二）娱乐体育

为人们打发闲暇时光，丰富精神内涵，使人们的生活变得多姿多彩的体育活动叫作娱乐体育。娱乐体育可以使人身体得到锻炼，陶冶情操。娱乐体育适合各年龄段的人进行活动。主要内容包括：球类游戏、旅游、钓鱼、棋牌等。

（三）探险运动

为了锻炼胆量，满足参与者的冒险心理，探险运动应运而生。探险运动具有一定的危险性。所以，在锻炼中要从实际出发，避免单纯为了探险而脱离自身能力盲目行动。常选用的探险内容主要包括爬山、攀崖、徒步或骑车环球旅行、穿越沙漠等。

许多探险者在事先没有充分准备和充足的体能时就进行探险项目，最终付出惨重的代价，故而在进行探险项目之前应该以自身安全作为最基本的原则，量力而行。

（四）健美运动

健美运动是人们为了追求形体美而进行的体育锻炼。这一运动不仅可以改善健康状态，还能够改善身体各器官的机能，以发展、提高、改善人体形态和气质，培养个体的审美能力和表现力为目的。例如，进行哑铃、举重、穿插器械、体操练习能够增加肌肉含量，降低体脂率；而如果想要拥有完美的体型与姿态，可选择艺术体操、健美体操及基本体操进行练习等。

（五）健身运动

健身运动是人们为了进一步提高体力、增强体质而进行的体育锻炼。健身者借助锻炼人体内脏器官，特别是心血管系统和呼吸系统的功能；发展人体力量、耐力、柔韧性、灵敏性和速度等运动素质，提高身体的基本活动水平，以此来丰富业余生活，提高身体素质。

现今社会都提倡公众进行有氧运动来强身健体，但是真正能够严格参照要求进行健身的人还在少数，大多数的训练者不得其法，而且身体状况各不相同，因此为了安全和效率，还需要专业人士的从旁协助。比较常见的几种方式是慢跑、游泳、滑冰、体操、舞蹈和各种球类活动等。

三、体育锻炼的方法

一般身体锻炼涵盖的方法有多种，具体包括变换练习法、游戏法和比赛法、循环练习法、综合练习法、重复练习法五种方法，具体阐述如下。

（一）变换练习法

从字面上和内容上来解释就是练习方法会根据实际情况进行变更。如变换项目、负荷、外部环境等。变换练习法的运用，能够很大程度上提升身体系统的协调能力。

采用变换练习法时应注意如下问题：

①不论如何变换，锻炼重点不得忽视，否则会失去锻炼的意义。

②变换要充分考虑实际情况，做到针对性的设计。

③做到更有效地安排、掌握变换锻炼的内容及其计划，根据身体反应及时调整锻炼。

（二）游戏法和比赛法

游戏法是以游戏的形式进行身体锻炼，在娱乐身心的同时锻炼身体，增加人们的锻炼兴趣。这一方法兼具竞争和娱乐双重特点，更加能够激发人体的创造才能，在紧张、活泼、愉快的氛围中使身心得到锻炼和发展，提高人们对体育知识、技术的运用能力。

在采用游戏法进行练习时，应注意场地环境，按规定和要求进行练习，以防不必要的损伤。

比赛法类似竞技体育，是用相互竞赛的方式对人体的运动能力强弱、体能体质高低进行比较。该方法竞争性强、对抗性强，能最大限度地发挥机体能力和智慧，有效地提高身体素质，巩固强化技术，提升身体的协调性以及心理素质。

在采用比赛法时应考虑自身掌握技术技能的实际情况，在已全面掌握技术的情况下可选用比赛法。

（三）循环练习法

此种练习方法根据锻炼的需要，选择几个不同的练习内容，搭配在一起，分别设在不同的作业点，并按一定的顺序依次循环进行练习的方法。

循环训练能最大程度的增大练习密度和提高运动量，还能使练习更加全面而不单单针对某一方面。同时，使各项目之间的功能互为补充，最终达到多角度共同发展目的。

在练习过程中，采用循环练习方法有以下注意事项：

①要根据任务的具体情况来确定循环练习的内容，要保障身体协调配合。如上、下肢不同部位互相搭配，速度、力量、柔韧相互搭配等。

②合理确定各项练习内容的比例和顺序。时间的分配无须均分，但是要有侧重点，敲定好练习的主次然后进行实际演练。

③合理安排单项训练的衔接和休息，提高时间效率和体能恢复效率。

（四）综合练习法

这种方法就是融百家之所长，将众多方法糅合在一起。例如，添加了重复，变换练习法的举重测试就是坚持重量不变，但是重量的变化开始依次增加或减少。好的练习者一般使用综合练习方法来进行锻炼，这样能更好地减少运动负荷，降低运动强度，从而达到改善身体素质的目的。在采用综合练习法时，练习者应注意练习手段、练习量和强度、练习间歇及练习程序的安排。

（五）重复练习法

锻炼者按照既定的计划和要求不改变动作结构和运动负荷的表面数据，进行重复练习的方法叫作重复练习法。如以固定速度、规定距离往复运动，以同一姿势多次举重练习等。这种方法适合在掌握动作技术、技能和培养各种身体素质时采用。重复练习法有连续重复练习法和间歇重复练习法两种。

采用重复练习法时应注意：

①科学制订需要重复的要素。包括重复次数、练习的间隔、强度等。

②严格确保练习的质量。做事要从一而终，如果因为重复的次数较多就偷懒减重，那么训练就失去了根本的意义。

除了上文中我们所说的之外，人们还可以利用很多自然情况进行健身，这种锻炼的方法叫作自然力锻炼法。该方法可提高人体对外界环境的适应能力，增进健康，增强体质。常采用的自然力锻炼方法有日光浴、空气浴、冷水浴三种。

（1）日光浴

阳光中不同频率的光对人体有不同的影响。如日光中的红外线具有穿透力，可在身体内部加热体液，体液热胀冷缩可以扩张深层组织的血管，加快心跳，加深呼吸，从而加速全身新陈代谢。紫外线能提高人体对钙磷的吸收，能消毒杀菌。日光浴的具体方法如下：

①姿势。卧位或坐位，用太阳伞或草帽遮挡住头部，避免阳光直射；也可以佩戴墨镜避免阳光对眼睛的伤害。

②时间。选择一天中温度适宜的时间段，刚开始晒时，时间应该控制得比较短；如果效果好，可以逐渐增加时长，逐渐增加到1~2h。

注意事项：

①夏季做日光浴时，应掌握好时间和日照强度，防止皮肤灼伤和中暑。

②皮肤有炎症、日光过敏、3个月以内的婴儿、妇女在月经期和分娩后一个月内不宜进行日光浴。

③在空腹、饱腹、过度疲劳的情况下也不宜进行日光浴。

（2）空气浴

使皮肤与新鲜空气接触，进行锻炼身体的方法是空气浴法。其原理为使体温和外界气温形成温差刺激人体，使体温调节功能适应外界温度变化，以提高人体机能的活动能力。

空气浴按其热感不同可分为三种：20℃~30℃为热空气浴，15℃~20℃为凉空气浴，4℃~15℃为冷空气浴。空气浴应从温暖季节开始，逐步向寒冷季节过渡。天气越冷，每次锻炼时间越短，以不出现寒颤为度。

注意事项：

①空气浴应尽量少穿衣服，在空气新鲜的地方进行。如在树木繁茂或江河湖畔附近进行。

②空气浴的时间应严格掌握。在一次空气浴过程中，身体因冷空气的刺激，会出现三个阶段的反应：寒冷、温暖、寒颤。当身体出现不自主的颤抖时，应立即穿衣结束空气浴。

③在有大风、大雾和寒流时，不要勉强在室外坚持空气浴。

（3）冷水浴

很多人常常用冷水刺激皮肤，来加速人体新陈代谢，使呼吸速率加快，提高人体适应外界环境变化的能力，以此达到锻炼目的。适当的冷水浴可以提高神经系统的兴奋性和有机体对外界气候的适应能力，并具有减肥、健美等功效。其主要方法有：

①冷水擦身。多为初学者采用，先从上肢开始，依次用冷水擦颈部、胸部、腹部、背部及下肢，然后用毛巾擦干，按血液回心方向摩擦皮肤，直到皮肤发红后停止。其时间不超过2~5min。

②冷水淋浴。开始阶段，水温以30℃-35℃开始为宜，时间不超过

1min。然后，水温逐渐降低到15℃或更低些，时间为2min。淋浴后要用毛巾擦干身体。

③冷水浸浴（又称冷水澡）。一般从夏、秋季开始，每次持续时间因人而异，以不出现寒颤和口唇青紫为度。应该牢记，冷水浸浴的主要因素是水温，而不是时间的长短。浸浴后要擦干身体、穿好衣服使身体保暖。

很多人喜欢在气温极低时进行冬泳等非常考验人体体力的运动，殊不知这类运动对于人体要求很高，需要很高的体力才能完成，需得到专业人士的许可才可进行，否则将有危险。

注意事项：

①冷水浴应从暖和季节开始，尽可能每天坚持。冷水浴前，要做好准备活动，冷水浴后，要擦干身体、穿好衣服注意保暖。

②患有严重疾病者，妇女妊娠和女性月经期不宜进行冷水浴。

四、体育锻炼的原则

体育锻炼对人的身体生长发育有促进作用，不但可以增强体质，提高适应能力，还能使人延年益寿。为了取得不错的锻炼成效，在锻炼过程中，应遵循下列原则。

（一）全面锻炼的原则

全面锻炼就是指不遗漏任何一处身体部分进行的全方面锻炼，要保障各个器官都能跟上训练的节奏，从而使身体变得更为健康和富有活力。

很多减肥教练提倡局部减肥，殊不知人体是一个整体，各身体部位相互之间都在影响、制约，在进行体育锻炼前，应该全方位考虑。因为身体运动的时候不可能仅仅是单一部位的操作，这样单一的锻炼为运动带来了很大的制约，而且收效甚微。实践证明，如长期只从事长跑锻炼，耐力素质会有较大发展，而速度、力量素质不会有较大提高；长期只从事力量练习，心肺功能不会有较大提高；长期只从事身体一侧肢体的锻炼，另一侧肢体就不会得到发展，则整个身体就得不到均衡的发展。

（二）循序渐进的原则

人们在锻炼的时候并不能立竿见影的看到成效，毕竟锻炼是一个循序渐进的过程，没有什么事情是可以一蹴而就的，总是需要一个过程。身体也一样需要一定的时间来适应和缓冲。如果违反该规律，不仅不利于增强体质，而且还会损害健康。人们进行体育锻炼，不仅要循序渐进，而且还要持之以恒，才能收到不错成效。常言道："流水不腐，户枢不蠹"，体育锻炼也是如此。只有持之以恒，人体的基本活动能力才能保持和不断提高，体质才能增强。实践证明：坚持经常锻炼，能使人体的新陈代谢功能增强，促进体内异化作用，继而达到同化作用，加快体内物质合成，使人体结构和功能得到提高，并可使骨骼坚实、韧带牢固、肌肉粗壮、肺活量增大等。如果"三天打鱼、两天晒网"，间断进行锻炼，就不可能收到明显的锻炼成效。若长期停止锻炼，各器官、系统和动作技能形成的条件反射就会慢慢减退，这正是"用进废退"的道理。所以，只有坚持经常锻炼的人，他的运动素质、基本活动能力和各器官机能才能得到真正的提高，达到强身健体的成效。

（三）科学安排运动负荷的原则

适当的负荷有助于成长，过重的负荷则是为身体毫无意义的增加负担。我们要想把握好负荷的量，首先要确定好人体所能承担的范围在哪里。即要在安排负荷的时候保障练习者的身体可以承受，既能够满足锻炼的需要，又能够开发身体的潜力，强身健体。当然任何事情都要循序渐进，一步一步地操作，长时间保持一个负荷肯定对身体没有益处。有机体的机能提高是按照刺激—适应—再刺激—再适应的规律有节奏上升。所以，在进行体育锻炼时应按照这个节奏和规律科学地安排运动负荷。

真正合理的运动负荷对于人体各个方面都大有益处，而若想要立竿见影的看到效果，强行完成超出自己能力范围的运动，将会直接降低锻炼的成效。所以，人们在锻炼过程中要因人而异，选择适宜的运动负荷。

在大多数情况下采用基础脉搏测量法，可以较容易的控制运动量的大小，即在每天早晨起床前测量自己的一分钟脉搏，如果锻炼后的晨脉已恢复到和前一天一样，说明身体反应正常；如果次日晨脉每分钟比往常增加5次及以上，身体有不适感，而且脉搏持续增多，这就意味着身体还没有回到正常状态，这种情况下应该减少运动的量。

（四）积极调动主观能动性原则

目前，有学者认为主观能动性原则应为意识性原则，也就是说运动者需要明确自身运动的前提，根据明确的目的和坚定的准则去进行锻炼。体育锻炼是一个自我锻炼、自我完善的过程，也是自我养成良好习惯的过程，总是伴随着克服外界以及自身的磨难才能取得理想中的收获。人们只有把体育锻炼当成生活中不可缺少的一部分，才能获得应有的锻炼成效。

因为体育锻炼与学校体育教学运动训练有着明显的区别。体育锻炼完全是靠锻炼者自身的自觉性，并且主观因素在体育锻炼过程中将起选择性作用。除此之外，锻炼者在这样的过程中所承受的身体压力甚至是心理负担，都需要自我调节。只有克服各种来自大自然的挑战，维持心态稳定，并一直积极向上的人，才能真正达到效果。

（五）因人而异的原则

在进行体育锻炼的时候，我们应该充分考虑自身的实际接受能力，选定锻炼的内容和方法。进行体育锻炼的人的健康状况有好有差，锻炼基础也不一样。所以，体育锻炼的内容和方法，应因人而异。锻炼者应根据自己的生理特点、身体的健康状况，结合工作学习生活的实际情况，有目的、有计划地选择和确定体育锻炼的内容和方法，合理安排锻炼的时间和运动量，才能收到不错的成效。

第二章 初中体育教学

第一节 初中体育与健康课程的目标与内容

一般教师体育课程的教学目标都是表示在一定时间段内，完成规定练习，并最终达到预期。这项课程的出发点是帮助学生成长，收获知识以及保持健康的体魄，它选择体育与健康课程改革的方向与过程，是衡量体育与健康教学质量的依据。所以，课程目标对体育与健康教学起着指导和督促作用。

一、初中体育与健康课程教学目标

依据体育课程的总目标，课程标准划分了四个学习方面的目标，包括运动参与、运动技能、身体健康、心理健康与社会适应。

（一）运动参与目标

①参与体育学习和锻炼；
②体验运动乐趣与成功。

（二）运动技能目标

①学习体育运动知识；
②掌握运动技能和方法；
③增强安全意识和防范能力。

（三）身体健康目标

①掌握基本保健知识和方法；
②塑造优美体形和身体姿态；
③全面发展体能与健身能力；

④提高适应自然环境的能力。

二、初中体育与健康课程教学水平四目标

为了更好地了解学生的身心发展情况，针对四个板块分别设置了水平目标。为了方便教师细化了解，现列表展示如下表2-1-1所示。

表2-1-1　课程标准学习水平四目标分析表

学习方面	学习方面具体目标	水平学习目标	具体学习目标与课程内容
运动参与	参与体育学习和锻炼	初步形成体育锻炼的习惯	◎自觉上好体育与健康课，经常进行课外体育锻炼。如制订简单的体育锻炼计划，并付诸实施等。
	体验运动乐趣与成功	初步形成积极的体育锻炼态度	◎在体验运动乐趣的过程中初步形成积极的体育态度如认识体育学习和锻炼的重要意义，对提高体育学习和锻炼的成效表达自己的观点，认真上好体育与健康课，积极参与课外体育锻炼等。
运动技能	学习体育运动知识	简要分析体育比赛中的现象与问题	◎简要分析现代体育与现代奥运会发展过程中所发生的一些重要事件与问题。如分析奥运会兴奋剂使用、球场暴力等事件与问题。
		提高体育学习和锻炼的能力	◎掌握科学锻炼身体的基本知识和方法。如基本掌握运动强度和密度，靶心率、心率测定和运动量控制等基本知识和方法。 ◎形成自主、合作和探究学习与锻炼的能力。如根据体育学习或锻炼要求以及实际情况设置个人学习目标，选择学习策略等。

续表

学习方面	学习方面 具体目标	水平 学习目标	具体学习目标与课程内容
运动技能	掌握运动技能和方法	基本掌握并运用运动技术	◎对于田径类运动项目有一个大致的了解和概括。如能够运用知识后进行操作，如短跑、中长跑、定向越野，跨栏跑、接力跑、跳远，跳高、投实心球等项目的技术。 ◎对于日常生活中比较常见的球类运动项目从理论和实践了解。如运用篮球、排球、足球、羽毛球、乒乓球、网球、毽球等球类运动项目的技术和简单战术。 ◎对于体操类运动项目要有一个大方向上的掌握并且学会配备器械进行操作的技能，运用于体操、健美操、街舞、啦啦操、校园集体舞等运动项目的技术动作。 ◎对于游泳或冰面上体育项目有所触及。如比较常见的蛙泳或滑冰、滑雪，当然最好挑战难度适当的来学习更多的技巧 ◎将式术类运动项目的动作组合予以一定的掌握应用。如基本掌握并运用9~10个动作组成的武术套路等。 ◎灵活运用一些发源于民族民间的体育活动。如基本掌握并运用竹竿舞、花样跳绳、抖空竹，踢花键等项目的基本技术。
	增强安全意识和防范能力	提高安全运动的能力	◎具备保护自身及他人的安全控制能力，以防意外的发生。如全面地掌握安全运动、急救方法以及常见损伤、溺水等常见事故的后续处置方法。

续表

学习方面	学习方面 具体目标	水平 学习目标	具体学习目标与课程内容
运动技能		将安全运动的意识迁移到日常生活中	◎在日常生活中具有安全行动的意识和能力。如走路、骑车以及特殊天气条件下照顾自己，面对自然险情（如地震）或突发事件（如火灾）发生时懂得求生方面的小技巧。
身体健康	掌握基本保健知识和方法	了解生活方式与健康的关系	◎了解生活中各项生活习惯与健康的关系。如饮食均衡有利于身体健康，睡眠充足有利于发育，抽烟酗酒吸毒有害健康以及食物中毒的常见原因。
		基本掌握卫生防病的知识和方法	◎掌握一些常见疾病的预防知识和方法。如脑炎、肺结核、肝炎的预防方法；了解艾滋病的传播途径及预防，不歧视艾滋病、乙型肝炎患者和病毒携带者。懂得基本的预防手段。
		基本掌握青春期规律	◎遵循青春期的身心变化规律。如心理发育的特点和变化以及这期间心理的波动变化乃至于发生概率较高的生理方面的问题，以及一旦发生后如何预防和处理，要明确与异性交往的原则，远离容易发生危险的人群和地区。
	全面发展体能与健身能力	在运动项目练习中提高灵敏性、速度、力量、心肺耐力和健身能力	◎在多种运动项目练习中提高灵敏性。如在球类中提高灵敏性。 ◎在多种运动项目练习中提高速度水平。如在民族民间传统体育活动项目中提高速度水平等。 ◎在多种运动项目练习中提高力量水平。如体操、举重等。 ◎在多种运动项目练习中提高心肺耐力。如田径类。

续表

学习方面	学习方面 具体目标	水平 学习目标	具体学习目标与课程内容
心理健康与社会适应	培养坚强的意志品质	具有坚决果断的决策能力	◎积极应对各种困难，要迎面而上，勇敢面对困难，比赛时局随时都有可能变化，影响的因素有很多，不能心存侥幸，要随时做好两手准备，面对动荡的时局立刻做出决定。
	学会调控情绪的方法	积极应对挫折和失败并保持稳定情绪	◎理智分析比赛中失败的原因以及如何改正。心态要保持阳光积极，不能一蹶不振，要越挫越勇。
	形成合作意识和能力	树立集体荣誉感	◎在团体参与的体育活动中要明确团队精神，不能过于标榜自己，要学会在比赛中照顾集体利益，学会与他人合作，共同取得胜利。
	具有不错的体育道德	养成不错的体育道德行为并迁移到日常生活中	无论是在比赛还是日常的活动当中，都要表现出谦虚友好的行为方式，时刻谨记诚实、友爱、礼貌、尊重等行为的重要性。

三、初中体育课程教学内容与课时分配示例

基于方便体育教育更加容易地掌握（七至九年级）教学内容的教学目的，本书提供了建议性的七至九年级教学内容、课时建议与课时比例表。此表是依据《课程标准》中体育与健康基础知识，田径类、球类、体操类、游泳和冰雪类、武术类、民族民体育活动类等课程内容的规定和中央7号文件及《教育部关于印发义务教育课程设置实验方案的通知（教基〔2001〕28号）》等精神和要求，按照七至九年级每学年36周，每周上3课时体育与健康课，每学年108课时制订的。体育教师可以根据学校场地的不同，以及其他客观情况，灵活开展教学活动，提升教材的实用性。具体如表2-1-2所示。

表2-1-2 七至九年级教学内容、课时建议与课时比例表

（以每学年108课时计算）

序号	教学内容类别	一年级		二年级		三年级	
		课时建议/个	比例/%	课时建议/个	比例/%	课时建议/个	比例/%
1	体育与健康基础知识	8	7.4	8	7.4	6	5.6
2	田径类（含随堂进行体能练习）	20	18.5	18	16.6	20	18.5
3	球类	28	25.9	30	27.8	30	27.8
4	体操类	23	21.3	20	18.5	20	18.5
5	游戏类	8	7.4	8	7.4	8	7.4
6	武术类	10	9.3	10	9.3	10	9.3
7	民族民间传统体育类	5	4.6	8	7.4	6	5.6
8	机动	6	5.6	6	5.6	8	7.4
	合计	108	100	108	100	108	100

第二节 初中生的体育学习指导

一、初中生有效学习的方式

回顾之前的体育教学，教师们关注的基本在于学生对于各项体育技能的熟练程度以及最终卷面上的体育记录成绩，而在现代体育中教师将主要把提升学生运动兴趣作为教学目标。二者进行比较不难发现传统的教学方

法虽然旨在帮助学生强身健体，学习更多的技能，但是主观上并没有考虑到学生的兴趣以及学习过程的最后成果率。学生学习效率至关重要，不同阶段的教学最终成果都通过这个展示出来。要想从根本上提升学习效率，应从以下几个方面入手考虑。

（一）创造师生平等的融洽课堂环境

1. 确立学生的主体地位

课堂的主体由两部分组成，一是教师，二是学生，良好的课堂氛围自然也要借由二者构建。众多教学方面的专家学者曾不止一次地提出学生是课堂主体的理念，然而纵观实际，能够切实铭记这项理念的教师少之甚少。在学校，"教"是主体，如此来割裂教学双方，容易造成学生在教学过程中始终处于被动的地位，处于教师的控制中，只能按照教师的意愿和要求进行有限的学习。如果每一个教师能树立以学生发展为本的教育理念，摆正自己在教学活动中的位置，就能真正成为学习主体的助手，成为教学中的指导者。因此，要想建立一个有益于学生学习的课堂氛围，教师还需要占据主导引领作用，明确以学生为主的教育观念。

2. 新的对话方式

实际上，好的课堂环境还可以表现在师生之间的对话方式上。传统的体育教师在教学时总是直截了当的指明学生的动作漏洞，如果将相同的意思更换为鼓励的话语，或许更容易被学生所接纳。在传统的教学中，如果有一个学生在做山羊分腿腾越动作时，跳过去的动作很勉强，腿有些弯，教师可能会说"动作质量不高，腿明显弯曲，腾空动作不明显，没有达到及格标准"。可是，如果教师换成另一种说法，即"某同学今天已经能够跳过去了，这是一个不错的进步，如果你能在以后的练习过程中再注意一下腿的伸展，动作就更优美了"试比较一下这两种不同的说法，让学生听了，哪一种比较容易接受呢？在国外的体育教学中，教师是非常注意自己对学生的用语的，即少说否定的话，多用鼓励和表扬的语言来表达自己的观点。由此可见，采用新的对话方式，是促进融洽课堂环境形成的重要途径。

3. 给学生充分活动的时间和空间

在学校当中，由学生自由支配的时间少之又少，与国内不同的是在国外的教学中，教师都是给予学生足够的时间去自行安排活动。在我国，传统体育教学非常机械，比如学生在学习翻滚动作时，学生必须严格按照教学大纲进行，哪怕各个学生对于教学内容的掌握程度已经有所不同，也要一致继续遵守，如果这个学生私自行动或者跳过约定俗成的步骤，那么就属于违反课堂程序。上述情况不是特例，而是普遍现象，在许多学校的教学当中都随处可见，教师的指令是课堂中能被听到仅有的语言。课堂不允许存在质疑或者否定的声音，一旦出现也会被教师予以忽视。显而易见这样的师生关系是不平等的。

所以不难发现在我们崇尚的健康、合理的体育课程当中，师生平等是非常重要的前提条件。教师应该以学生为主体，对待不同的学生应该采取不同的教学方式，进行不同的要求。不能一味死板的以相同的规则要求所有学生，这是不可能实现的。总之，在课堂设计中，教师应该充分贯彻"因材施教"的理念，让每个学生都有适合自己的练习方法，对学生起到良好的指导和引导作用，给学生充分的自主时间与空间。

（二）尊重学生的不同意见

身为一名合格的教师，对于教材和教学大纲的掌握精准度要求非常高，这一点在体育教学当中同样如此。可以说教师习惯了在课堂上的主导地位，他们几乎是万能且无所不知的，在体育与健康课程中，因为学习内容涵盖各个面面，教师也并不能保证完全正确，也并不能保证什么都知道。

从这里我们不难看出，实际上学生的学习内容在不停地变化，学生的兴趣爱好也会随着时间发生变化。教师应该针对这些做出积极的调整，调动学生学习体育的积极性，以及积极采纳学生的不同意见，这样既能够得到学生的支持，又能够让学生更加具有参与感，进而增加体育课堂的积极性。

（三）激发学生学习兴趣

要激发和保持学生对体育活动的兴趣，第一步就是增加学生自主实践的可能性。一切的学习都应该建立在有兴趣的基础上，否则任何重复的学习都是无用的。如南方的学生由于气候环境很少参加滑雪运动，而西部缺水地区的学生，也很少参加游泳运动。

教师在进行体育教学时，最重要的理念便是让学生共同参与，在参与中寻找到乐趣，从而起到锻炼身体、促进学生身心发展以及学生之间友谊的建设作用。此外，运动也不仅仅是局限于体育课堂，也可以是多种表现方式，可以将课内与课外、校内与校外的体育活动结合起来。让学生积极参与体育活动，并建立起体育运动的兴趣。

（四）鼓励学生敢于表达自我

"十年树木，百年树人"。学校培养学生要以人为本，要在真正意义上激发学生的兴趣，让学生敢于发言、学会学习、爱上学习、大声地表达自己内心的想法。体育与健康课程有自己的特色，和传统体育教学的主要区别在于学生可以在课堂上表达个人真实想法，并且这些想法会得到教师和其他学生的认真对待。长此以往下去可以加深学生对于课程以及学习的亲切感，乃至于在轻松欢喜的氛围中充实自身。

（五）重视学生的生活经验和生活实际

1. 从学生生活实际中发掘内容

教学源于生活，理应联系生活，教师不仅要在课堂中关注学生，同样也要从生活中找寻痕迹。处在水平四阶段的学生正值生长发育的关键时期，男生和女生在这期间喜爱的运动也大相径庭。在这一时期，教师需要充分了解学生的需求，有针对性地开展教学工作。比如一些地域鲜明的体育运动，则不适合所有学生共同学习。在传统体育教学中，基本体操还仅仅局限于徒手操等范围，不过受现代文化的影响，更多的学习者开始对街舞和自由搏击这些运动内容感兴趣。研究者通过分析得知，学生喜欢这些运动是因为它们贴近生活且相对新颖，从而吸引了他们的学习兴趣。所以如果教师将这些运用于实际的教学当中，不难想象学习效率必定能够大幅度提升。

2. 选择贴近学生生活经验和生活实际的内容

《基础教育课程改革纲要（试行）》中提出要对课程内容进行全面整改，剔除掉"难、繁、偏、旧"等历史遗留问题，加强理论与实际的紧密贴合，从学生兴趣的角度出发帮助学生爱上学习的同时学有所得。学习兴趣很多时候来源于生活，所以学生的兴趣也来自于他们各自的生活经验。体育运动的最初状态便是游戏，然而游戏本身也来自于生活。因此，在开展课堂教学的过程中，要充分关注学生的生活经验，传统的体育教学受到竞技运动的深层次影响，对教材和教学内容完整性过分重视，使得体育教学与学生的实际需要脱节，与学生的兴趣脱节，再加上部分体育教学内容的难度大、动作复杂，就更令学生没有学习兴趣。体育与健康课程强调要考虑学生的实际生活情况，设计更加适合学生学习与掌握的教学内容，通过这样的方式来激发学生的兴趣爱好，调动学生在体育课堂以及其他体育活动中的积极性。

（六）满足学生的不同学习需求

对于传统的体育课程，《体育教学大纲》通过系统分割的方式对教材进行编排，对教学内容人为的按照简单到复杂、单个到多个、个人到集体的原则进行编排，并机械地将不同内容分配给不同的年级，这一方法没有考虑到学生本身的爱好，导致学生对体育教学的课程内容缺乏兴趣，导致体育课堂教学效率低下。《课程标准》在进行教学内容分割的同时，也需要充分照顾学生的实际需求，这样才能够让体育课堂散发魅力，吸引学生积极参与其中。

例如，处在"水平四"阶段的学生有可能比"水平五"的学生更加热爱追逐游戏，更加喜欢一些灵活性强的游戏。而"水平五"的男生更加倾向于学习技术难度大的游戏，而女生更加倾心于学习舞蹈、健美操等课程。学生在不同年龄段爱好明显不同，这一特征在女生中表现得更为突出。所以对待男女生教师应该采取不同的教学方式，在设计课程时为了达到同样的教学目的，可以采取不同的方式，这样不仅能够提高学生的积极性，还可以加快学生的学习速度。

传球这个游戏对于我们来说并不陌生，但是，这个游戏对于女生而言成效却不是很好。如果我们换一种思维方式，让女生组成三人一组，每个小组同人圈夺球，三人当中有人夺球成功，则三人同时出圈，而传球失误的三个小组也相应地出圈，通过这样的方式有效锻炼了团队之间的配合和默契。与此类推，在快速跑的教学开展中，根据男女生爱好的不同，让男生采用6人一组的分组跑，而女生采用接力跑，也是一个非常不错的教学方式。

基于传统体育教学的客观分析，能够发现学生参与体育课积极性不高的影响因素有很多。一方面，体育课堂时间不充足，没办法充分的施展开来；另一方面，体育课堂内容本身缺乏吸引力，不能吸引学生的兴趣。比如，在传统体育教学中，学生不得不花费大量的时间做一些无关紧要的课程内容，造成课堂内容的索然无味。此外，体育课堂上陈旧的教学内容，例如跨栏、投铅球等运动，并不适合所有学生参与。因此，教师应该充分考虑学生的实际需求，精心设计课堂内容，让学生在45分钟的体育课堂上真正获得乐趣，并且得到锻炼，只有这样的良性循环，才能够重新激发学生的学习兴趣。

二、自主学习方式

现代教育提倡的观念是学习的主观能动性而不是被动性。我们生活在信息多元化的时代，信息的传输和获取变得简单且快速。当今社会的教育更多地提倡"授人以鱼不如授人以渔"的理念，侧重把学习的方式方法教给学生，而不仅仅是教会相关知识。这就好比教会了学生捕鱼的方法，学生便能凭借技能养活自己。所以自主学习这种全新的学习方式是科学、合理且可行性强的方式。

（一）自主学习的概念

自主学习是一种现代化的学习方式，和传统学习模式不同之处在于自主学习学生是学习的主体，依靠学生独立的分析、实践等过程来完成既定学习目标。《基础教育课程改革纲要（试行）》也多次强调要改变以往课程填鸭式教育，死记硬背的现象，提倡发扬学生在学习过程中的主动性以及学生之间团队配合的能力。

以往课堂中，教师主导，学生接受的低效率教学模式已经不能适应现代课堂的要求，而采取学生自主学习能够在一定程度上缓解这一问题。依据《基础教育课程改革纲要（试行）》的文件内涵可以看出，改革并不是对以往的教育模式彻底抛弃，而是在现行模式下加入更多学生自主学习的成分，来提高学生的学习效率。

（二）自主学习的要素

1. 行为的主体

学生作为自主学习的主体，对课堂起到了主导作用。而在以往的课堂中，学生只能够被迫的接受教育，是教师教学的一部分。而自主学习可以充分发挥学生的主导作用，即便是教师的水平非常高，也应该积极去配合学生的实际情况，尽可能地调动学生的积极性。比如，学生能够自主选择学习内容、学习方式以及学习进度等，所有的课程围绕学生展开，通过这样的方式提高学生的课堂学习效率。

2. 目标与素材

选择一个适合学生现阶段学习的课程目标并对课堂进行科学的规范考验着一个教师的水平，也是教师同样必须完成的重要工作。《课程标准》中针对"水平四"的学生，设计了五个领域的目标并给出了内容设计建议，教师在参考课程标准的同时，应该从学生的视角去看待课堂，去考虑学生更加倾心于何种教学方式。这就要求教师进行大量的前期准备工作，通过掌握学生的实际情况和现有教学条件，来保证所设计的教学安排在课堂上具有可操作性。在实际教学中，学生没能按照既定思路思考时，教师可以适当地进行引导。教师在课堂上的身份就好比建筑行业的"设计师"，只是给课堂提供一个框架。但和"设计师"不同的是，课堂的具体教学计划可以根据学生的需求进行针对性设计，灵活性更高。

（三）自主学习的特点

1. 独立性

就学习特点而言，自主学习把课堂的主导权交给了学生，让学生自主选择来完成学习任务。因此，每一个学生在课堂上都是一个独立体，都能够将个人的想法运用到课堂中，并在课堂上进行验证。教师在整个过程中，要主动引导学生去思考。在学生遇到困难时，教师应该采取引导的方式，而非直接给出答案，这样的教学模式能够很好地促进学生各方面能力的提升。学生只有独立思考，才会对学习产生兴趣，从而在课堂上积极发言。

2. 差异性

自主学习能够一定程度上照顾到学生与学生之间的差异性，如身体状态、心理素质等；而解决这一问题的思路非常简单，就是让评价的方式也跟随这种差异性做出改变。在以往的教学中，尽管教师在教学过程中或多或少考虑到了这种差异性，不过在最终的评价上依旧是采用同一标准，即常见的成绩量化指标。这种评价方式只重视结果，忽略了学生学习的过程，而学习的过程对于学生而言显然更加重要。

第三章 初中体育教学设计与
课堂教学

在初中体育教学环节中，最不可忽视的就是体育课程的教学设计，这对体育教师来说是至关重要的，也是必不可少的教学要素，因此，对其进行着重分析，以深化体育教学在课堂实践教学中的实际应用。

第一节 初中体育教学设计

一、学习目标的设置

关于阶段性目标的确立以及目标短期内的高效实现在《课程标准》当中有着明确的规划，不过这是对于总体方向的把控，进一步的细分还需要学校和教师去进行系统的研究。只有将教学内容详细的拆分开之后，再结合因材施教的方式方法才能有助于学生更好地吸收所学知识，最后帮助学生顺利完成各项目标。

（一）学习目标以及内容涵盖

1. 制订学习计划的根基

概括《课程标准》的定义是基于不同区域实际情况出台的指导性文件，普适性和原则性是它最为鲜明的两个特性。这项文件的可借鉴意义很强，不仅能够帮助设立各区域阶段的目标，还能够帮助学生及教师对于总体的格局规划有一个全新的认识。文件中提到了一个体系，关乎三级目标，然而理想与实际终究有所差异，在制订的时候纵然我们已经将区域化、身体素质方面的差异考虑到当中，但是在实际应用的时候难免有所出入。所以此时教师的作用就显得尤为关键，需要切实的考虑到实际情况，来为学生调整科学、合理的学习目标。

除教学目标外，还有对于外部教学环境的一个描述，其中体育设施、器材等都属于此范围内，设置目标的时候不能脱离这项至关重要的影响因素。不同区域所能提供的设施和条件有限，这个因素属于不可避免的现实差异，所以制订训练目标的时候要最大限度的运用好周边的设备，因地制宜地来设定适合自身学习的教学计划，只有这样才能圆满完成《课程标准》当中提出的水平目标。

2. 制订目标采用的途径

制订目标可通过表格式和项目式两种途径来设定。

（1）表格式

基于《课程标准》中设定好的三级目标体系，根据自身实际情况后可以分别化整体为局部，逐步设定目标，设定时要更加细致化，具体如表3-1-1所示。

表3-1-1　依据水平目标制订学习目标

领域目标	水平目标	具体学习目标	总体要求
具有积极参与体育活动的态度和行为	积极参与体育活动	1. 在课上组织的团体式游戏中主动 2. 上课态度严谨认真 3. 愿意尝试性的参加竞赛，无论比赛规模的大小	自觉参加体育与健康课的学习
		1. 主动参加比赛进行锻炼 2. 积极参与兴趣小组并组织体育活动 3. 对于班级内部组织的体育锻炼也要不逃避，不退让，主动参加	积极参与课外的各种体育活动
		1. 进行体育锻炼时不分场合，在家里也要坚持 2. 体育训练贵在坚持，不能偷懒要持之以恒，哪怕是休息日也要训练。 3. 平时如果社区、团体举办体育活动也可以针对自身情况加入其中	积极参与校外的各种体育活动

续表

领域目标	水平目标	具体学习目标	总体要求
体育训练考验的更多是身体素质，素所以为了安全要运用科学的方法	锻炼注重日积月累，所以对于时间的把控也尤为关键，此外要懂得借用负荷的力量。	1. 知道"7+1>8" 2. 懂得劳逸结合的道理	懂得合理安排锻炼时间的意义
		1. 晨起锻炼对身体和心理方面都有好处，建议坚持 2. 上完课之后休息的时间可以做一些轻微的放松锻炼 3. 训练注重质量而不是时间长短。	合理安排锻炼时间
		1. 要学会脉搏测定，以此为依据严格关注自身数据来恒定运动负荷 2. 为了身体健康在课外运动时也要牢记活动量	掌握运动脉搏测定等常用方法测量运动负荷

（2）项目式

体育项目种类繁多，而且每一项在五个领域内都有其自身的意义和价值，所以要想合理完成学习目标，需要教师详细了解这些体育项目后进行组合运用。例如，考察运动技能领域中的水平目标。发展运动技术或战术能力。首先选定叠罗汉项目作为体操教材中的一套后，还要对叠罗汉外项目教材在众领域中体现出的功能和价值进行详细的分析，并在此基础上设置多重学习目标，如表3-1-2所示。

表3-1-2　依据学习内容的功能设置学习目标

领域	领域目标	水平目标	具体的学习目标
参加运动	主观上愿意投入到体育活动的态度和行为	热情的投身到体育活动	在叠罗汉项目中积极表现
运动技能	收获运动基础知识	了解所学项目的简单战术知识和竞赛规则	1. 了解叠罗汉运动的基本技术知识 2. 了解叠罗汉运动的表演方法
	学习和应用运动技能	发展运动技、战术能力	基本掌握一套叠罗汉动作

续表

领域	领域目标	水平目标	具体的学习目标
	安全地进行体育活动	注意运动安全	在叠罗汉这项运动中不可避免的要进行肢体接触，因此要下意识的控制不当行径
身体素质	提升体能	锻炼反应速度、耐力和身体协调性	1. 经由完成叠罗汉潜移默化中提高速度和协调性 2. 在运动中学会控制、掌握力量以及培养耐心
	要自主培养出时刻关注自身素质的意识	理解体育锻炼对身体形态和机能的影响	认识和理解叠罗汉练习对肌肉、骨骼成长有着不容忽视的作用
心理健康	了解体育活动对心理健康的促进作用，认识身心发展的关联	了解心理健康对身体健康的影响	1. 在叠罗汉练习中获得愉快感 2. 在愉快的感受中坚持练习叠罗汉
	全方位理解体育活动与自尊、自信之间搭建的桥梁	合理运用体育锻炼，在锻炼过程中为自身树立信心	1. 在练习叠罗汉的过程中从中收获信心和荣耀感 2. 在运动中表示对自己的信心
	形成无畏艰难的优良品质	根据自身素质设定目标	1. 认识到运动时不可避免的要遭遇磨难 2. 面对挫折时要有迎面而上的勇气 3. 在体育训练的过程中针对自身情况制订合理的目标
社会适应	培养团体意识，提前熟悉人际交往，具备高尚的道德素养和精神	能够通过实际训练明白运动所代表的真谛，捕捉体育训练的核心精神。	1. 在叠罗汉运动中找好自己的定位 2. 运动时不以自我为中心，要学会与团队合作 3. 要顾及到集体利益，不对他人抱有敌意 4. 明确训练中不该出现的现象

（二）学习内容的选择

教师在学习内容的选择上扮演着非常重要的作用，所以需要细致周到的安排，要根据教学对象自身的素质制订教学内容，科学、合理的可行性大纲有助于学习目标的实现。

1. 确定学习内容的准则

在前文中提到了制订学习目标时可以参照《课程标准》中提到的体系，那么在制订完目标后怎样进行实际操作就是接下来要考虑的问题了。只有针对目标设置的训练内容才能有效。例如，要想达成水平目标中提到的发展速度、有氧耐力和灵敏性，不同教师可能在头脑中都有一套针对性的学习方案，而学习方案的设定也有技巧，要有所侧重。如果想要最大程度的锻炼学生的有氧耐力，那么就可以借助有氧健身操和跳绳这两个训练项目，或者是选择比较常见的跑步或是室外的球类活动，无论选择哪一项，最终的目标都是为了落实"发展有氧耐力"这一目标。

经大量数据研究显示，学生兴趣与学习内容呈正相关，我们都知道"水平四"阶段的学生尚且处于成长期，他们的身体和心理都急需大量的运动。然而以往的体育教学中并没有过多的顾忌这一点，他们更为关注的是内容的系统性与完整性。如果只是从单纯的竞技运动角度来设计教材，那么不管是对于教学还是学生自身的适应能力都有着不可弥补的横沟。例如，关于投掷的学习时选用的是推铅球。从理论上来说这种安排并没有出错，可是实际情况毕竟有所差异，如果从学生身心发展的适应性来考虑就是不合理的。因为推掷这个动作在生活中出现的频率非常低，相对较多的是投掷和抛掷。所以老师应该联系生活实际，将投掷作为重心加以训练，实心球作为投掷的主要器具，并没有合理的得到应用，这也就导致了学生对于这项体育教学的兴致不高，更别提喜欢上这项运动。相对于国内，国外的选择则较为丰富，他们选取的器材是垒棒球和飞盘。这些东西的趣味性十足，很容易吸引学生的兴趣，同时也符合他们的心理和身体特征。

与此同时考虑到不同学校所能提供的师资、器具以及场所不同，教师在确立学习内容的时候要严格参照这方面因素。也是因为这些因素的限制，我们没法将国外的教学内容立刻实施到国内的教学中来，但是可以灵活的进行调整，根据自身条件制订适合本国学生的教学大纲。比如说如果垒棒球、飞盘之类的器具比较短缺，那么可以选择性质类似的软式皮球、沙袋、毽子等。

3. 学习内容选择的依据

在我国，传统的体育教学忽视了知识与生活的联系，比如跳高是人应该掌握的基础生活技能，是应急状况下求生的一种下意识的表现。可是在实际教学中跳高被公式化了，从跨越式教到背越式，从助跑、起跳教到腾空、落地，这样的学习确实非常系统，但是这么多繁杂的步骤当中鲜少有生活中能够利用到的。所以教师在选取学习内容的过程中不能忽视掉实用性，要让知识与生活有机的联系在一起。

传统意义上的体育教学大纲取材于竞技运动，虽然这样的学习相对规范，可是和我们的目标有些不符，毕竟竞技的根本目的是通过精准的训练获得优异的成绩，而我们的体育教学是为了保障学生的身体健康。正因为这与《课程标准》中提倡的理念发生冲突，所以就需要对于现有的项目进行调整，发挥竞技运动对人的督促作用，回归竞技运动的本质功能。

这里我们可以用一个非常典型的例子来说明。在课本中关于日常生活中最为常见的前滚翻都有着明确的技术指导，如要求滚翻的轨迹成一条直线，两腿膝盖不能分离，在空中的腿要保持伸直的状态等。虽然这些要求能够保障动作趋于完美，但是意义并不大。生活中的前滚翻无非是因为这样的动作能够保障滚动的顺畅，根本目的是自我保护。由此可见，要想改变这样的情况需要回归到运动的本质，让学生学会生活，懂得生活，在课堂上学到真正有意义的内容。

自古至今各个民族都有着各式各样的活动内容，强身健体的基础上也趣味性十足，而且某些运动还被赋予了更多的意义，如划龙舟、放风筝、抽陀螺、跳竹舞等，这些都有很高的借鉴意义。

聚焦体育的发展历史，有一个共通点那就是这些运动来源于生活，但是高于生活，经过整改和加工乃至创新后成了现今的模样。随着现代生活方式的转变，人们对于养生和健康的需求越发明显，运动逐渐进入大众视线。所以教师要有意识地从小培养学生这种健康的生活理念，教导学生仔细观察生活，热爱生活，长此以往体育教学必定充满活力。我们还可以参照国外的创新，汲取灵感，如日本某档节目中，大半的内容都与体育运动有关，其中学生可以把生活中的实际内容借助运动形式表现出来。这档节目在娱乐的同时既赋予了体育教学全新的定义，又成功吸引了学生参加体育锻炼的兴趣。

二、课时教学计划大纲的制订

（一）学习目标

相较于传统的体育教学，新型教学倡导的一个理念是学习目标统领学习内容。在以往的教学计划中虽然也有教学目标栏供教师备课填写，然而本质上并没有变化，只是顺序上有所差异而已。例如教师准备上两节50m跑考核课，其多半会在内容栏里填写上"50m跑考核"，而在教学目标栏内填写上"发展学生速度素质，检查学生速度素质提高情况"。但是，实际情况却是教师更为关注的是成绩栏上的数字，以及教学内容能否顺利实现，这样一来教学目标就如同虚设了。因此，在《课程标准》中倡导教师在课堂结束的时候应该讲"从这节课中所有同学的表现来看，你们都尽了自己最大的努力去发展自己的运动速度，已经取得了非常明显的成效，每个人在自己原有的水平上都有了进步，进步了多少，甚至进步不大，都不是主要的问题，主要的问题是，我们每一个人都尽了自己最大的努力。"

学习目标与教学目标二者存在差异，这一点在新旧两种教学倡导中就能看出来。"教学目标"在传统的教学计划中备受推崇，"学习目标"则是新型教学计划中《课程标准》里倡导的理念。我们首先要了解它们的本质才能加以区分，教学目标是教师对教学的期望，而学习目标则是学生学习过程中的目标。所以说两种目标的主体不同，前者是一种整体性的期望，后者是每个学生的期望。例如在篮球教学单元中，教师可以为授课班级设定一个教学目标，即"借助本单元教学，使学生掌握一两项篮球运动基本技术"。

这个目标的含义就是教师对于学生掌握这个技艺的一种希冀，在教师为学生们制订目标后学生可以通过单元模块的学习在现有的基础上充实自己掌握的技术。如每次单元学习过后学生收获的经验都各有差异，有的学会了运球和投篮，有的基本掌握了背后运球和低手投篮，有的则学会了运球急停急起……每个学生都有所收获，教师设定的目标也算得以完成。

所以说实例向我们证明了即使一字之差，二者的概念也存在差异，且不可混淆。在《课程标准》中倡导的主体是学生的吸收程度，所以更加侧重于学习目标。

那么怎样设立切实可行的学习目标呢？事实上教师在建立单元教学计划时学习目标已经初具模型，然而值得注意的是目标可以制订多个，但是一定不能盲目制订，要分清主次和侧重，一节课不可避免地要出现多个目标，所以教师要确立好首位。例如教师选用接力跑来磨合学生之间的合作意识，这样就需要把"提高学生合作意识和行为"这个目标列入首位，而"发展速度"就应该移居二位。因此，制订目标分清主次很重要，不能一次性把多个目标放在一起，这样反而适得其反。学习目标是准备能够向学生公布的显性目标，为了提醒学生，甚至可以在课前将目标标注在黑板上，给学生一个明确的方向让他们自己努力。

（二）学习内容

1. 教师提供学习内容

普遍情况下教师可以在课时教学计划实施的过程中为学生提供一定的选择空间。《课程标准》提倡的理念是学习目标引领学习内容。在明确的学习目标下，我们可以通过很多的途径来完成。当然学生的知识面有限，这时就需要教师为他们开拓选择的空间。

在之前的体育教学中，教师多是制订统一的训练计划来让学生共同训练以期能够确保学生身体素质的一致性。而《课程标准》倡导要"关注学生的个体差异"，在制订课时教学计划时，需要针对学生的不同身体素质来制订训练的计划，让他们练习符合自身的运动，才能最大限度地开发自身的潜能。

2. 学生选择学习内容

在学习目标得以确立后，课堂就相当于奠定了一个主要的基调。教师随后需要做的就是设计课程，设定的过程中切记不能忽略学生的想法、学生的心理和兴趣爱好。然而不同学生的兴趣爱好差异是很大的，众口难调之下只能提出满足大部分学生的计划，而且如果学生提出其他的内容也不能全盘否认，这样不仅会打击学生的积极性，而且还会影响到学生对这门课的兴趣。对于学生主动提出建议来完成学习目标的想法，教师需要予以肯定和鼓励，集思广益之后才能保障学习目标得以实施。

3. 学生学习方式

（1）自主学习

教师在设计课堂教学时要有意识提高学生的自主学习性。例如，学生对健美操初步有了了解后，教师可以鼓励学生自己选取音乐编制一套健美操。教师在教学当中应该处于引领的角色，帮助学习自己学会成长，收获自信。

（2）合作学习

合作学习对于培养学生团队意识，激发学习兴趣，磨炼人际关系有着很强的促进作用。因此教师在进行课堂教学设计中可以运用这种方式提升课堂效率。例如，模仿舞狮设计的两人背垫障碍跑，后面的人需要信赖前方同学的引领才能成功跨越障碍。篮球比赛中，教师可以设计一种不能运球只能借助传球的比赛形式来加深队员之间的合作，合作的重要性自然而然的就显现出来了。

（3）接受式的学习方式

虽然我们提倡让学生自觉、主动地进行学习，但是接受式的学习方法也是比较重要的。比如当学生学习新的技能且难度系数较高的时候，为了方便他们学习和树立信心，教师前期需要进行适当的接受式教学。在学习健美操、武术动作的时候就是如此。然而新式的教学反对这样的方式贯穿始终，更提倡鼓励学生自己选用学习方法，提高学习成效。

4. 教学策略

体育教学需要一定教学计划，更加需要辅助以适当的手段来促进师生双方在课堂中完美的融合，高效完成课前设定好的学习目标，这种有计划的上课设定就是教学的一种策略。教学策略以性质划分为单位时大致可以分成示导型、替代型、生成型的教学策略。

前面两种类型的策略在传统的教学过程中应用较多，因为受限于课时和教材大纲，教师没有充足的时间来引导学生进行其他的教学方式，只能用最块、最直接的替代型策略，告诉学生怎样做是正确的，以及这样做的错误点在哪里。

5. 课堂学习成效的检测与总结

体育与健康课程的课时计划需要关注即时效果，不过值得一提的是监测的手段。这种评估多为师生双向的评价，很多时候以学生自我评估为主导，教师需要做到的就是提供多种评估的方法让学生自己选择。考虑到学习目标的设置是多维的，所以监测的时候要以定性化为主，以定量化为辅。然而教师与学生的评估方式还是存在着一定差异的，比如学生评估时参照的是学习目标的完成状况，教师则需要按照课堂整体反应的状况进行即时评估。两相进行对比后进行观察记录。

三、水平和单元教学计划地制订

教师在教学过程中，制订教学计划有助于催促教学目标地进一步实现。以往的教学计划制订时多是以学年、学期为单位。在《课程标准》中则不同以往，关注的重心是学生身心发展的情况，所以表现形式是水平学段。

（一）水平教学计划的制订

1. 水平教学计划制订的基本要求

水平教学计划在制订的时候最为基本的性质就是灵活性。水平教学计划是两种总体把握的工作计划，为了预防突发情况以及方便汇总信息时的及时调整，教师需要预留出充分的可变动性。这一点在单元教学时相对突出，不能过于公式化，否则将不利于学生学习目标的实现。

水平教学计划体现了《课程标准》所提出的整体性，学生是一切计划考虑的前提，保障学生能够健康快乐的成长是重中之重，更是一切规划的总方针。因此，教学计划在制订的过程中要保障整体性。初中阶段的学生处于青春发育初期，他们对于外界的感知加强，急切地想要成长，想要尝试更多的可能。体育与健康课程就是为了帮助学生正确处理这项冲动，教学的目的不是让学生一定要掌握多少项技能，而是要帮助学生进一步的健康成长。所以，水平教学计划需要考虑到的是学生在学习期间能够增长哪些方面的知识，关于健康成长达到了哪个水平线。

一套完整的教学计划必须要在各环节的衔接处保证完整性与连贯性。不同于以往的教学计划，不同年级之间似乎没有必然的相关性，各教师也都是针对自己本年级的学生制订教学计划，所以往往导致了一旦发生教师更换，就要重新制订计划。因此，体育与健康课程的水平教学计划是根据学生身心发展的规律来体现学习任务的连贯性。

2. 水平教学计划制订的方式

《课程标准》中就"内容标准"一词有着大致的概括，虽然这样的定义有着很大的借鉴性，但是学校和教师也要针对实际情况加以运用。"内容标准"的性质可细化为四个阶层，一是在领域内展现的递进般的层次性；二是在相同领域内各个项目之间不分伯仲的并行关系；三是不同学习领域间存在的某种相关性，如运动领域与身体健康领域存在某种方面的重合；四是阶段性，即不同水平段的目标仅停留在本阶段，不会延伸出现在下一个阶段当中。

教师在制订水平教学计划时，就要牢记上述几个阶段分类，如在阶段性的内容标准划分时不能重复出现内容；在以递进为划分依据时就要严格参照顺序；至于以并行为划分依据时的安排可以相对灵活；对于跨领域密切相关的阶段性的内容标准也应该给予适当的考虑。

（二）单元教学计划的制订

1. 单元教学计划制订的依据和意义

教学计划是由各单元承转下来的，它起到的重要性不言而喻。一方面是水平教学计划的浓缩和精华；另一方面则是课时教学计划的主要参照。单元计划的实施还需要提前设立好固定数量的课时，当然因为考虑到实际情况的变动，这中间允许存在合理范围内的调整空间。同时，因为学习目标的差异，单元计划也要针对性的进行调整。

单元教学计划是构成水平教学计划的基础，一个完整的教学计划囊括阶段性的教学时间，而且许多地方都是以教学单元来表述的。单元教学突出强调的是规定的时间范围内学习目标进行反复的学习，直至顺利完成学习目标。所以，两者是同一事物不同反射面。

总而言之，单元教学计划就是教学内容集合的另一种转述方式。在传统体育教学规划中其实也不乏这样的单元教学形式，然而也仅仅止步于此，鲜少有人对此做出更为详细的计划，所以传统的体育教学更侧重于运动技术的传授，往往忽视掉了多维度的学习目标。体育与健康课程强调在教学设计过程中，要注重整体框架方面的构思，还要重视多维度学习目标。所以，单元教学计划是水平教学计划的细化。

2. 单元教学计划制订的途径

在制订了水平与单元教学计划以后，教师就可以以此为参照，设计教学的详细流程。体育教师对制订传统的课时教学计划有着丰富的经验，经过几十年来对课时教学计划的研究，已经形成了固定的格式。这种流水线般固定的教案对教师来讲是利弊共存的。虽然它对于教师而言节约了时间成本，但是同样局限了教师课堂教学的灵活性。所以教师要想坚持以学生为中心的教学理念，就不能受限于教学大纲，要在课堂上进行灵活的变通。

第二节　初中体育课堂教学

一、课堂教学组织形式的选择与实施

（一）常见教学组织形式与改革发展趋势

1. 按兴趣分班

一般，高效的学习都建立在兴趣的基础上，如今的体育教学同样也开始关注这一点，教师分班的过程中会重点参照学生的不同兴趣。学生可以根据自己的兴趣和爱好，选择学习的教材和形式，在很大程度上发挥了学生的主观能动性，让学生在充满兴趣的基础上进行学习。这样他们既能够提高身体素质、开拓视野，又能够发扬自己的兴趣爱好，尝试更多的可能。然而这种教学方式还相对新颖，仅有小部分地区的学校选用，而且这种方式相对活络，对于教师来说也更加具备挑战。

2. 大课间的组织形式

近年来随着教学体制的改革，越来越多的学校认识到体育教学的重要性，学校普遍选择利用大课间时间结合校内实际情况组织有所编排的体育教学活动，以此来培养学生的全方面发展。某种程度上来说这也是一种培养学生对于体育课程兴趣的方式。大课间的形式相对全面，有的以周、月为单位活动串换，还有的按照单双日变更形式，有的是需要教师做整体协调，有的则是主要倚靠学生自身去把握。这种方式很具备实用性，同时还能在一定程度上弥补学校自身体育条件不足的劣势，加深了师生之间的关系，发挥了教师的特长。不过大课间的活动一般在组织上存在一定的难度，但是对于教学改革和开发学生兴趣以及发扬体育方面都有着很大的促进作用。

3. 按性别分班与按水平分班

按性别分班进行体育课的组织教学，从外部的环境来看有更积极的作用。初中生步入青春期之后男生与女生之间的差异逐步拉开，这种差异表现在多个方面，包括生理状况、兴趣爱好、技能把握等方面。针对这种情况进行项目训练的时候不少教师会采取按照性别进行分班的方式，一方面这样的分班有助于教师的统一管理和教学，也能针对学生实际情况进行教学计划的灵活调整。另一方面，从大批量研究数据以及学生心理变化的研究上看，男生与女生不用采取分班教学，完全可以一同教学，这样的模式在国外就并不少见。根据已有的上课经验来看，男女生共同上课在某种程度上可以促进他们的共同成长，对于课堂氛围的创建非常有利。

在体育与健康课程中，这种合班并不是简单地把他们聚在一起上课，合班的前提还需要他们都在一个近乎相似的水准上才可以，这要求他们无论是身体素质还是兴趣爱好都要相近。只有这样才能保障课堂教学的高效性和优势。

（二）常见教学内容与组织形式的实施

体育教学内容与组织形式是紧密相连的，针对教学内容采用适宜的组织形式至关重要。多年来，许多体育教育专家和一线教师经过不懈的努力，对教学组织形式进行了创意的改革，下面就体育教学内容与组织形式做些扼要的概述。

1. 跑的教学组织形式

跑的教学分为快速跑、耐久力跑、跨栏跑（障碍跑）、接力跑、协作跑等几种形式。下面主要分析前三种形式。

在快速跑教学中，传统的教学组织形式都是以竞技体育的教学方式进行，在完成跑的专门练习后，紧接其后的是一定距离的重复跑、计时跑。在基础教育体育课程改革的今天，人们的体育教学观念得到转变，教学思路得到拓展，开始思考着如何应用更有启发性、更有督促性的教学组织形式与教学方法，使学生在愉快的学习气氛中成长。

耐久力跑教材在初中阶段的体育教学中充当重要的角色，对发展学生的心肺功能，培养学生的意志品质、吃苦耐劳精神起着重要的作用。在体育教学改革的今天，不仅可以借助跑动性游戏和趣味性练习来激发学生的积极参与性，还可以让学生自行设计不同的跑进路线，构成各种方案，使每堂课都有新变化，每个学生都有新思路，都能展示自己的设计。这种游戏化、趣味性的组织教学形式比起枯燥乏味的绕跑道重复地奔跑来说是趣味无穷，受到学生欢迎的。

跨栏跑（障碍跑）可以使学生克服畏惧障碍的心理，体验成功的乐趣，增加学生的学习自信心。传统的教学方式，通常是从跨栏跑辅助练习的摆动腿攻栏，起跨腿的折叠，外加积极前拉和下压，到从栏侧完成动作结束。在近年来的体育课程改革中，一些教师舍去传统的教学方式，采取分层教学，让身体素质不同的学生体验不同的栏高、不同的栏距、不同的栏数，尽量使每个学生在心理没有压力的情况下都能体验到成功的喜悦，鼓励学生进行自主学习和探究学习，并采用单元教学的方式来完成跨栏跑的教学任务。

2. 跳跃运动的教学组织形式

在初中时期的体育教学中，跳跃这一版块的学习包括诸如立定跳远、急行跳远、跳高等项目。我们在进行体育教学的时候注重的关键并非学生是否取得良好的成绩以及学生的跳跃水平是否达到教学层次，最终的目的是借由这个项目的学习让学生得以成长，得以强健，能够从学习中收获快乐。当然学生如果能够借由课程学会跳跃这项技自然是更好。

3. 体操、武术运动的教学组织形式

在初中体育课程中，体操课、武术课都是以学习基本动作和掌握基本技术为主的体育教学课，它对培养学生的协调性、柔韧性和促进技能的形成起着重要作用，通常被称为技评类体育课。体操教材在经过多年的改革后变化较大，最初是根据《体卫制》标准的男、女各4大项（男单杠、双杠、跳箱、垫上运动；女高低杠、平衡木、跳箱、垫上运动）来进行教学，后来是以韵律操、健美操、搏击操、街舞等为主导的既具有终身锻炼意义，又能体现现代生活气息的运动作为体操教学内容。武术是中华民族宝贵的文化遗产，是我国传统的体育运动项目之一。借助多年的改革与实践，把武术基本的动作组合、动作套路、剑术、棒术、刀术以及代表不同地方武术特点的拳种纳入教材之中，甚至太极拳、太极剑也被广大教师用于课堂教学之中。

4. 投掷运动的教学组织形式

在初中阶段，学生学习投掷所使用的器具主要为铅球。事实上，铅球除了出现在课堂上或者专业的比赛项目当中，出现在我们日常生活训练时的频率非常低。很少有人会在课外选用铅球进行体育训练。所以随着体育教育改革，在练习投掷这一运动的时候器具被大大的丰富化了，传统意识中标枪、铁饼、铅球等逐步走出课堂，教学重点开始逐步转移到了实心球上。或许有人会对此产生疑问，不明白这样的改革区别在哪里，然而我们不能把目光辖制在单一的区域内，应该开放思维，虽然只有一项实心球，但是我们可以通过不同方法进行投掷，让学生从中有所启发，有所收获。

二、课堂教学活动的分组形式与特性

（一）课堂教学活动的分组形式

在初中体育教学中，一般都是通过具备各种特点的组织活动来完成教学目标。教学活动的组织形式如果选用得合适，那么无异于一加一大于二的教学效果，无论是培养学生的学习兴趣，还是开拓学生的思维以及提高学生的学习能力，都有着不可比拟的重要意义。下面我们就体育教学中比较常见的几种分组形式进行简要概括。

1. 随机分组

随机分组是比较基础的一种分组方法，这种方法的限制方面较少，比较随意，无须考虑过多的因素。例如，按座位号的前后，按单、双号顺序或按报数的方式，将学生随机分成若干组。这种分组方法虽然简单、快捷，但是应当有选择地应用，否则将无法体现区别对待的教学原则。

2. 同质分组

同质分组基于不同学生之间存在的差异化进行分组，他们可能在体能或是兴趣方面有所不同，因此不同特征的学生分在同一组内，以便使各小组的水平较为均等，对组织一些组与组的竞赛比较合理。

3. 合作分组

在近年来倡导的体育课程改革中最受追捧的一种分组方式就是合作分组。这种分组方式能够最大限度地培养学生的团队协作能力，与此同时还能保障每个成员能够发挥自身的特长和实力，让大家能够共同成长。这个分组和帮教分组最大的区别就在于没有水平衡量的限定，学生们都是站在同一个水平线上，互相促进，互相学习。在众多学科当中，学生合作机会最多的莫过于体育这门学科了。不管是娱乐性的活动还是正规化的比赛，都有大量的机会让他们通力协作，所以可以说合作分组在体育教学中使用频率较多。

4. 行政分组

行政分组与行政分班极为相近，它是在行政分班的基础上，再把班级的人数进一步细化区分后形成固定分组。这种分组有一个比较明确的特征，因为组员比较固定，所以教学内容不同，人员的构成没有变化，最为直接的影响就是他们在技能、兴趣爱好等方面有所差异，虽然不是一种理想的课堂教学组织形式，但是仍被许多学校普遍采用，随着体育课程改革的不断深入，这种教学组织形式也将逐渐被更新或取代。

5. 帮教分组

帮教分组在体育教学中比较常见，因为不同学生身体素质各不相同，吸收能力和学习能力也存在差异，这种时候可以把掌握相对较好的学生和进度较慢的学生分成一组进行互补。这种分组方法对解决大班教学，充分发挥学生骨干作用具有实际意义。因此，要形成合适的帮教小组，教师应对帮助者与被帮助者的对象选择进行仔细的分析，要求帮助者要耐心和细致，不能在被帮助者前体现高人一等的优越感，要求被帮助者要充满信念和决心，虚心接受帮助者的帮助，尽快提高自己的运动技能水平。

6. 友情分组

友情分组是表示学生根据相互间的友情组成一个学习小组。如果在体育教学中，教师未强调分组的形式，让学生自由组合，学生都会下意识地找寻自己熟悉的伙伴进行共同活动。从外表上看，它会被认为是一种过于自由、不够严肃的一种分组方式。但仔细分析可以发现，友情分组有其积极的一面。这种分组有利于学生间相互沟通和理解，有很强的凝聚力，可充分调动学生学习的积极性。在体育教学中，如何应用友情分组，主要视教学需要而定，对于球类活动来说，采取友情分组较为合适。

（二）选择分组形式的特性

1. 灵活性

在体育教学中，教学活动的分组形式不能一成不变，应根据教学过程中发生的情况灵活使用，根据学生的实际情况及时地进行调整，力求达到最佳的教学成效。譬如学生进行跳跃训练的时候就没有明确的界定用同质还是帮教的形式分组，考虑到这项活动的性质，所以需要针对实际情况加以区分，如果学生素质差异相对较大，那么可以选用前者的分组方式，如果部分学生掌握技能的水平相对较差，那么显而易见地，选用帮组的方式更为合适。

2. 自主性

前面所介绍的体育课堂教学分组形式，教师仍旧占据主导地位进行支配。然而今时不同往日，为了全方面地提升学生的上课体验，我们倡导给予学生更多的自主权。比如教师不能独断决定教学模式，这样也不利于培养学生的兴趣，教师可以提供多种方案，广泛征集学生的意见后决定教学模式，这样一来无论是教师教课还是学生听课都带有更大的兴趣，有助于学生积极主动地投入课堂学习当中。

举个例子来说，在组织学生学习篮球运球时，教师在教学的组织形式上，要解放思想，如组织形式可以两人一组，一人做运球练习，一人进行消极防守，两人边练习边交流，从中体会运球的最佳方法。这与传统的教学组织形式不同，后者是教师事先划好两条线，准备活动结束后，把学生集中在一起，教师对要教的运球技术做详细的讲解和规范的示范，然后要求学生从徒手练习到有球练习，学生在教师的哨声指挥下，从线的这一端将球运到那一端，教师还要对个别学生的错误动作加以纠正。这样的教学组织形式，看似较前者严谨、有序，但对发展学生的个性，激发学生的学习兴趣，培养学生的自主学习和探究学习意识及能力没有促进作用。也许就是这种"井井有条"的教学分组形式遏制了学生个性的发挥。

3. 选择性

体育教学内容丰富多彩，教学的分组形式也多种多样。在体育教学中，教师应根据不同的教学内容、不同的教学对象、不同的场地器材条件，选择最合适的分组练习形式，不能常年如一日地使用一种组织形式，也不能为了表面功夫任意地变换分组练习形式。只有采取合理的教学组织形式，才能使教学内容与教学组织形式相得益彰，提高体育教学的成效。

4. 综合性

在体育教学中，教学活动形式不能单调如一，教师可根据教学的进程和内容的变化，综合应用多种分组练习方式，力求在教学过程中灵活运用不同的分组练习形式，使学生有新的感受、新的受益。所以，综合运用不同的教学组织形式，可以达到不错的教学成效。但综合应用不等于滥用，不能无目的地变化，否则会降低教学成效。例如，学生在热身活动中，常常采用行政分组或随机分组的形式。而在做技能性较强的练习时，为了照顾技能较差的学生，常常又把行政分组、随机分组转变为帮教分组。当教学转入有难易之分的练习项目时，常常又从帮教分组转变为同质分组。一堂体育实践课有时就是在这种多次的分组转换中进行的。教师必须做好思想上的充分准备，要善于调整，尽量避免在分组形式的变化中浪费过多的时间。

第四章　学生运动参与的教学策略与意义

第一节　学生运动参与的意义

一、新课改提出运动参与的体育教学目标的意义

青少年因其年轻、充满有活力，天生热爱运动，本是一个不用担心的问题。但如今让学生积极进行体育活动已经成为体育教学亟待解决的问题和重要课题，可见让学生积极参与体育运动不再只是课堂目标，而成为了学校在开展体育教育中的一个难题。在现实中"喜欢体育运动但不喜欢体育课"现象的确存在。那么，为什么学生不愿意参与自己所喜爱的运动了？为什么学生一进学校就不愿意进行体育运动了？这里面的原因是多样的，主要有如下两点。

第一个原因是随着年龄的变化，学生的世界观发生改变，有更多感兴趣事物，对体育运动的兴趣也就淡化了。这一现象在如今学校表现得尤为明显。

第二个原因是最重要的原因，这就是之所以体育游戏进入教育以后有了本质的变化，是因为当自主性很强而功利性不强的体育游戏进入了作为国家事业的教育领域以后，它必然会产生一系列的变化。作为教育内容的体育游戏也会产生远离青少年游戏本能和欲求的一些变化，这些变化主要表现在五个方面。

第一，班级授课制的体育教学形式与小集体式的体育游戏形式相互冲突，集体学习在很大程度上影响了学生个人尽情地进行游戏，影响了学生们在体育游戏中的自主交流和自主学习。

第二，体育课堂仅有的45分钟时间不够，学生还没能够进入运动状态，体育课堂就已经结束了。体育课中技能学习的"蜻蜓点水"和"低级重复"减弱了学生们对体育技能追求的兴趣。

第三，当体育游戏进入教育领域之后，它必然和学校中的各种各样的教育活动联系起来并向其靠拢，如与思想教育相结合、与审美教育相结合，甚至与劳动教育、国防教育相结合起来，游戏被附加了许多新的意义和功能，使运动游戏的纯朴性和原创性大大被减弱了。

第四，部分游戏在被列为学校体育教学内容之后，其本身的内容和形式都发生了诸多改变。例如学生自己学篮球，都是先投篮，然后才是给自己设置各种各样的投篮，像两个人对抗的投篮，一群人对抗的投篮等，其中，篮球技术和战术的学习被逐渐地加入进去。而上体育课时却已不是这样了，学生一上来就开始学滑步，空手投篮和各种很机械的动作，其特有的乐趣被大大减弱。

第五，当人们用教育的眼光去审视体育教学时，就必然会把传统的教学框架强行嫁接在体育教学上，只为了让教学更加科学严谨，更加有教育意义。而相应的，运动游戏的原始性和自由性也就被减弱了。

二、对"体验运动乐趣与成功"目标的理解

（一）课程标准修订提出了"体验运动乐趣与成功"的新目标

在课程标准修订送审稿中，在中学（水平四目标）的"运动参与"的课程目标下设立了"体验运动乐趣与成功"的新目标，向我们的体育课程和教学提出了促进学生体验运动的乐趣与成功的要求。

（二）理解"体验运动乐趣与成功"目标的相关问题

课程标准修订稿中，对"水平四"中的"体验运动的乐趣与成功"的目标提出了"体验较多的乐趣""对运动乐趣有更深刻的认识""可以认识到某项运动乐趣来自于该运动和竞争的表现特质""体验到的运动的乐趣和成功感的深度及其正确性""分析运动中的痛苦和成功后乐趣的关系，举出事例说明"等非常具体的要求，为了更好地贯彻以上具体的要求，以便寻找到"体验运动乐趣与成功"的最佳教学方略，我们还需要对以下的问题进行很好地理解。

1. 运动乐趣的深刻认识

每个人对运动乐趣的理解都会有差异，但大体可以定义为从运动中获得成就感，以及以优异的运动成绩获得个人和别人对自身能力的认同感。运动乐趣的来源便是运动比赛中的成功。在重视运动的同时，运动乐趣带

给参与者的积极正面影响同样不能被忽视，因为运动乐趣本身就是运动者想要获得的东西，是不断进行体育锻炼的内在动力。

2. 运动乐趣的来源

运动具有强烈的游戏属性，而运动乐趣也来源于此。游戏主要涵盖竞争与表现两个方面，这也是产生运动乐趣的两个主要方面。另外，运动类型的不同也就导致乐趣截然不同。这好比足球运动的乐趣在于射门进球、舞蹈的乐趣在于优美的表演、篮球的乐趣在于精准的投篮进球、跨栏的乐趣在于克服重重困难的成就感以及登山的运动来自于征服自然的征服感等。在运动项目上，乐趣有非常明确的定义，也应在教学过程中得到应用。就好比教踢足球不让射门，仅仅是简单的传球教学，这样是很难让学生找到乐趣，更别谈教学质量。

3. 运动是不是都有乐趣

学生要想实现在运动中找到乐趣和成就感的目的，就必须先弄清楚是否所有运动都具有乐趣。当然，答案是肯定的。体育运动本身就是人们在寻找乐趣的过程中产生的，并且因为乐趣而被流传下来。就比如长跑、体操等运动形式，即便是很多人不喜欢，但是仍然有很多人去坚持这一运动，因为他们从中找到了乐趣。究其缘由，不同的人理解乐趣的方式不同，运动本身带给参与者的乐趣也就不同，就比如篮球、足球，参与者能够找到乐趣，看球的人也能够很容易找到乐趣；但像长跑、体操这些运动项目，只是真正参与其中并长期坚持的人，才能够找到乐趣所在。

4. 运动中的痛苦和乐趣的关系

体育教学要让学生体验到乐趣，但体育教学并不否认在教学过程中失败、挫折和痛苦的存在，不但不排斥，而且非常提倡体育教学过程中的挫折和痛苦。虽然失败是成功之母，痛苦是真正乐趣的前奏。但是失败与成功、痛苦与乐趣的顺序不能颠倒，不能出现以失败而告终的失败和莫名其妙的失败。

第二节　学生运动参与的教学策略

为了督促学生积极参与体育运动，并坚持下去是体育课程教学的主要目的，并通过这样的方式让学生养成参与体育运动的习惯。

在有限的体育教学中要形成固定的体育锻炼习惯是件很难的事情，这就要求体育课程和教学要考虑一些行之有效的教学策略，有实效地、逐步地培养学生经常进行体育运动的意识，获得进行体育运动的愉快感，养成定期进行体育运动的习惯。体育课程教学促进学生运动参与和体育习惯养成的策略主要有：①遵循"快乐体育"的原则，使学生在参与体育运动时找到乐趣；②遵循"运动教材优化"的原则。

一、借助"快乐体育"和"成功体育"的实践

（一）"快乐体育"的思想和教学策略

"快乐体育"来自多个理论和实践，理论体系和实践方法也很不相同，名称和概念互相交叉的理论和实践总体虽然各不相同，但在促进学生热爱体育，理解体育，促进学生终身体育意识和能力的形成该初衷却比较相近，"快乐体育"的实践已经有了多年的经验和探索，有了相应的教学成果和比较独自的教法。从当前来看"快乐体育"在促进学生运动参与的教学方略有如下几个方面。

1. 突出学生自发性、自主性和选择性的教学策略

学生在学校后的生活和工作中参与运动是一个自发和自主的行为。而主动参与体育运动是一种良好的生活习惯，也同样体现着一个人的生活态度。一个人自主的习惯和能力都需要在长期的体育教学过程中进行培养，可以说，参与运动的自发性来自于对体育运动的认识和准确的判断，而参与运动的自主性来源于选择内容和方法的价值取向和信念。因而，借助体育课程教学培养学生参与运动时的自发性和自主性是重要的方法，而在教学中激发学生的自发性和自主性的主要方法为：①持续促进学生对体育运动的理解；②督促学生选择适合自己的运动项目；③教会学生更多地参与体育策略和方法；④加大体育教学中的各种选择性；⑤不断提高学生参与体育的成功感和自信心。

2. 突出运动的"固有乐趣"，让学生体验不同运动特点的教学策略

每一种体育运动都带有不同的运动乐趣，而竞争和表现就是运动乐趣最基本的两种表现形式。竞争里有"人和人的竞争"，如摔跤、柔道、赛跑、打球等；有"人和物的竞争"，也叫克服类运动，如跨栏、障碍跑、登山、游泳等；有"人和观念的竞争"，如登高峰、破纪录、达

标等。

在表现运动中又有律动感受和难度动作的表演等形式。其具体到某一项运动，每个项目都有其独特的乐趣特质。如角力类运动的乐趣是力量的博弈，隔网类球类运动的乐趣是对球的往返和争夺，目标类运动是准确命中目标的次数，如射箭、射击等运动；而竞争和目标类相结合的运动项目的乐趣是自己多命中目标而最大限度阻止对方命中目标，如篮球的乐趣既是篮球进筐，也是防止球进筐，足球则是射门和成功地阻止射门；体操类的乐趣是非正常体动作的完成和特殊的身体感受。

每项运动各有特色，要让学生爱上体育，更自觉地参与体育运动，那么在教材化的过程中，教师就要充分地认识和提取这些乐趣，然后在教学过程中和教学方法中体现这些特质，把运动的内在乐趣充分地传达给学生，使学生真实地领悟到学习的乐趣，进而喜欢上运动。

3. 突出"体育小集体学习"氛围的教学策略

体育运动大都是集体的活动，所以与体育伙伴的和睦相处，在体育集体中与集体共有目标，拥有集体荣誉感，服从领导，完成好自己的职责，遵守大家的共同约定和规则，进行体育组织的各种活动，并在同伴和集体的帮助下更好掌握体育技能。

（二）"成功体育"的教学策略

在特定的教学氛围下，教师需要避免绝对标准的比赛评价方法，重视相对标准在比赛评价中的运用，让一些学生在不能改取胜的比赛中也能够体验到胜利的快感。

在体育课堂中，教师要强调集体团队的作用。优秀的比赛本来就是鼓励团队参与，让学生在团队合作中找到运动的乐趣。在体育课程中，也应该积极发挥集体的力量，让学生感受到集体的温暖，并且在集体配合中形成集体的默契。

二、借助"运动教材优化"的策略

要使学生能真正成为体育锻炼的参与者，首先要解决的就是让每个同学对体育活动感兴趣，而如果要使学生对体育活动和锻炼有好感，就需要学生对体育锻炼和体育活动有信念。而对体育有信念又来自于学生对运动的"有能感"，就是让学生有"学会"运动技能的成功体验，这就要求我们的体育课程教学要有"学会"的实效性。要让学生有效地学会运动技术，教师必须要优化教材和教学方法，要防止体育教学"蜻蜓点水""低级重复"的传统弊病，要把体育教材分成"介绍教材""体验教材""简教教材""精教教材"和"锻炼教材"的各种教材目的和教材排列方式。

（一）借助"介绍教材"提高学生对体育文化的理解

"介绍教材"和"体验教材"主要是借助对一些在一般学校体育教学条件下，无法教或没有必要教的一些项目（如表4-2-1所示）的介绍和体验，让学生了解这些运动项目的基本知识，如项目内容、规则、项目基本技术组成、观赏要点等。这样一方面加深学生对体育运动的理解，提高学生观赏体育赛事的能力；另一方面也是为学生未来参与这些体育项目提供一些基础性的知识。

表4-2-1　介绍的运动项目的类型

类型	该教但学校条件暂不允许教的	有条件但没必要教的	没有必要也没有条件教的
范围	例：保龄球、棒球、网球、摔跤、柔道、滑板、滑雪、高尔夫球、皮划艇、花样滑冰、板球等	例：铅球、跨栏、足球守门员技术、台球等	例，撑竿跳、汽车拉力、跳水、马术、自行车、急旋运动等
方略	比较详细的体验和观赏介绍	体验性和现赏性介绍	观赏性介绍

（二）要借助"简教教材"实现学生对一些运动项目的基本掌握

"简教教材"教的是基本技术，其目的是提高学生进行体育锻炼的适应度，扩大学生运动的技能储备和"参与面"，当学生在未来的生活遇到这些运动时，他们就可以立即参与到其中。"粗教教材"也是给予学生一些体验，给学生将来进行体育运动一些判断的基准，比如，面对某项体育运动，他们可以依据学习的经验判断这个运动适合不适合自己。例如，借助对各个项目的粗学，发现自己特长全是个人性的项目，而眼前的项目正是个人性的项目，那么他们就可以判断这个项目是适合自己的。

（三）借助"锻炼教材"促进学生对体育锻炼的参与

"锻炼教材"是借助锻炼知识的传授和实践，来帮助学生形成科学锻炼的意识和能力，从而为学生在未来的生活和工作中更容易地进行科学的体育锻炼打下基础。锻炼性教材的教学方略主要是两点：一是要"抓紧时间在体育课中实施锻炼"，主要是借助运动技术发展学生的身体素质练习来做好这方面的工作；二是要"借助生动的案例讲清楚科学锻炼身体的原理和操作技术"传授给学生基本的锻炼知识和安全运动的知识，借助上述"知"和"行"两方面的教学促进学生的体育锻炼参与。

总之，借助对各种体育教材的更加深入的理解，进行更加合理的体育教材分类，设计出各自目的更加清晰的分层次教学，借助各个类型的教材和各层次的教学过程，为促进学生"现在"和"将来"的运动参与打下坚实的基础。

第五章 初中体育教学内容及其建议

第一节 田径与篮球教学内容及建议

一、田径运动的项目分析

田径运动历史悠久，它是在人类社会的不断发展中产生的。在不断发展中，田径运动的形式也在发生改变，并形成了当下体育竞技中的现代田径运动。

在公元前776年，田径运动项目就出现在古希腊的古代奥运会上，并逐渐正规化。1896年在希腊，田径运动被列为主要体育项目出现在第一届奥林匹克运动会上。

1912年，国际业余田径联合会成立并形成了统一的田径比赛标准。当前国际上诸如奥运会田径比赛、世界杯田径比赛和世界田径锦标赛这些大型体育项目中，田径比赛都是主要的比赛项目之一。

就田径运动的发展历程而言，田径可以细分成五个阶段。

第一阶段：19世纪末到20世纪初，现代田径运动得到初步发展，初具规模，并得到了良好的发展。

第二阶段：1913~1920年，受到第一次世界大战的影响，诸多比赛项目被搁置，田径运动也不例外。

第三阶段：1921~1936年是世界田径运动恢复、发展与提高阶段。

第四阶段：1937~1948年，受第二次世界大战的影响，是世界田径水平第二次下降阶段。

第五阶段：1952年至今是世界田径运动成绩持续不断提高并达到很高水平的阶段。在这个阶段里，从运动员的选择，到科学训练、技术更新、场地器材不断改进，裁判工作自动化及电子化，都直接或间接地应用了多学科的研究成果，保证了田径运动的健康、迅速发展和运动成绩的提高。

田径运动是由走、跑、跳、投组成的，但具体分析，内容很多。在历史发展过程中，从广义上来说，也曾把拔河和跳绳包括在田径之中。从狭义上来说，田径运动除了正式的比赛项目外，还应该包括立定跳远和立定三级跳远等。但现在一般意义上所说的田径运动，是表示按一定规则进行的走、跑、跳、投的身体运动。

田径运动中的走、跑、跳、投和全能项目共有40多项。人们通常把不同距离的竞走、赛跑、跨栏跑、障碍跑、接力跑等用时间计算成绩、选择名次的项目叫作径赛；把跳跃（跳高、跳远、三级跳远、撑竿跳高）和投掷（铅球、铁饼、标枪、链球等）等用高度和远度来量化成绩，将选择名次的比赛叫作田赛。人们将田赛和径赛统称为田径比赛。

（一）径赛项目

径赛项目是周期性项目之一，动作多次重复进行，特点是距离一定，要求人体在最短的时间内完成所规定的距离。从供能方式上看，短距离跑是以无氧供能为主的，中距离跑是以糖酵解供能为主的，长距离、超长距离跑则是以有氧供能为主的。此类项目的练习可提高人跑的能力。径赛具体的比赛项目如表5-1-1所示。

表5-1-1　田径运动的分类及项目（单位：m）

类别	项目	成年		少年			
				男子		女子	
		男子组	女子组	甲组	乙组	甲组	乙组
径赛	竞走	20 000 50 000	5000 10 000				
	短距离跑	100 200 400	100 200 400	100 200 400	60 100 200 400		
	中距离跑	800 1500	800 1500	800 1500 3000	800	800 1500 3000	800
	长距离跑	5000 10 000	5000 10 000				

续表

类别	项目	成年		少年			
		男子组	女子组	男子		女子	
				甲组	乙组	甲组	乙组
	跨栏跑	110（1.067）400（0.914）		110（0.914）	110（0.914）	100（0.84）	100（0.762）
	阻碍跑	3000					
	马拉松	42 195	42 195				
	接力跑	4×100 4×100	4×100 4×100	4×100	4×100	4×100	4×100

（注：跨栏跑中括号内数字为栏架高度）

1. 短跑

（1）100m跑的技术要领

①起跑。起跑的主要目的就是让身体迅速加速，为后面的继续加速创造良好先决条件。根据田径比赛规定，短跑中运动员使用起跑器采取蹲踞式起跑，发令员口令发出后才能起跑。

②起跑后的加速跑。起跑后的加速跑是从蹬离起跑器到途中跑开始的一个跑段，一般为30m，其任务是尽快加速达到自己的最高速度。

③途中跑。途中跑的任务是继续发挥和保持最高跑速。加速跑结束后即进入途中跑，由一个单步由后蹬、腾空、着地和缓冲四个部分组成。

④终点跑。终点跑是全程跑的最后一段，要求运动员在离终点线15~20m时，尽力加快两臂摆动速度和力量，保持身体前倾角度。当运动员离终点线前一步距离时，上体急速前倾，双手后摆，用胸部或肩部撞终点线，跑过终点后逐渐减速。

（2）200m和400m跑的技术要领

200m和400m跑，有一半以上的距离是在弯道上进行。为了适应弯道，技术上应有相应的变化。

①弯道起跑和起跑后有一段直线距离进行加速跑，应将起跑器安装在弯道的跑道右侧，起跑器对着弯道的切线。弯道起跑后前几步应沿着内侧分道线跑。加速跑的距离适当缩短，上体抬得较早。

②弯道跑技术。运动员从直道进入弯道时，应尽可能沿着跑道内侧跑，身体应有意识地向内倾斜，加大右侧腿和臂的摆动力量与幅度。

2. 接力跑

接力跑是田径运动中以集体形式出现的竞赛项目，是田径场上最具吸引力的项目之一。

接力跑设置的项目一般为男、女4×100m接力跑和男、女4×400m接力跑。规则要求必须在20m长的接力区内完成传接棒动作。

（1）4×100m接力跑技术要领

①第一棒运动员采用蹲踞式起跑。

一般用中指、无名指和小指握住棒的末端，用拇指和食指分开撑地，但接力棒不得触及起跑线及起跑线前面的地面。第二、三、四棒运动员多采用半蹲式或站立式起跑。接棒运动员起跑姿势的选择，主要取决于能否快速起跑，并能清晰地看到传棒选手以及设定的起动标志。

②传、接棒方法。

传棒方法一般分上挑式、下压式和混合式三种。

上挑式：接棒人手臂自然后伸，手臂与躯干约成40°~50°角，掌心向后，虎口张开朝下，传棒人将棒由下向前上方"挑"送到接棒人手中。此种方法的优点是接棒人手臂后伸的动作比较自然放松，易掌握；缺点是第二棒接棒后，手已握在棒的中部，这样不便于持棒快跑。另外，第三、四棒传接棒时，棒的前端已剩下不多，所以相对容易掉棒。

下压式：接棒人手臂后伸，与躯干约成50°~60°角，掌心向上，虎口向后，拇指向内，传棒人将棒的前端由上向下"压"送到接棒人手中。这种方法的优点是每一次传接棒都能握住棒的一端，便于持棒快跑；缺点是接棒人在手臂后伸时相对紧张。

（2）4×400m接力跑技术要领

4×400m接力跑的传棒技术相对简单。由于传棒人最后跑速已不快，所以接棒人应顺其跑速接棒，然后再快速跑出。

3. 中长跑

中长跑包括中距离跑和长距离跑。中距离跑对速度和耐力都要求较高，而长跑以耐力为主。现代中长跑技术的特征为：身体重心位移平稳、动作实效、经济、轻松、自然，并保持不错的节奏、高步频，积极有效地伸髋和快速有力地摆动动作。

中长跑时，运动员应注意呼吸的节奏。呼吸的节奏取决于个人和跑的速度。一般是跑两步或三步一呼气，跑两步或三步一吸气，随着跑速的提高，呼吸频率也相应加快。在强度大、竞争激烈的情况下，应采用半张口与鼻同时呼吸来最大限度地满足机体对氧气的需要。中长跑的氧气供应与个体准备活动、训练水平有关，训练水平高，内脏器官的适应能力强，极点出现就缓和、短暂。当极点出现时，可适当降低跑速，注意加深呼吸，同时要以顽强的意志坚持下去。

（二）田赛项目

田赛项目是非周期性项目，可分为跳跃和投掷两大类。跳跃是比赛整个人体移动能力的。跳远是比赛远度，跳高是比赛高度。投掷项目则是借助比赛物体（器械）移动的距离来比赛投掷能力的。跳跃项目的练习可以提高跳的能力，而投掷项目的练习则可以提高投的能力。

1. 跳远

（1）技术要领

助跑要提高重心、高抬腿、富有弹性、节奏明显。最后几步要有积极向踏板进攻的意识。快速、准确是助跑技术的要点，节奏是完成该要点的关键。跳远技术动作由助跑、起跳、腾空、落地组成，重点为助跑和腾空步。如图图5-1-1所示。动作姿势分为蹲踞式、挺身式、走步式。

图5-1-1　跳远动作

（2）练习方法

①原地摆臂动作模仿练习。两腿前后站立，起跳腿在前，起跳腿同侧臂以大臂带动小臂由后下方向前上方摆动；摆动腿同侧臂由前下方向后上方摆动。摆动时要做到耸肩带上体，头部正直，眼看前上方。

②原地摆动腿模仿练习。两腿前后站立，起跳腿在前。摆动腿前摆时，大小腿要充分折叠，大腿带髋部向上高摆。踝关节自然放松，脚尖不

得超过膝关节。两臂配合摆动。

③原地蹬摆结合练习。摆动腿在前，起跳腿前摆做着地动作。重心前移缓冲，当放脚缓冲后，重心和脚跟的连线垂直地面时，开始做蹬摆动作。摆动腿在蹬的基础上向前上方摆，起跳腿在摆的同时快速蹬伸髋、膝、踝关节。摆动腿可落在适当的台阶上。

④两步助跑起跳练习。两腿前后站立。起跳腿在前，摆动腿向前跑出第一步落地后，积极后蹬推动髋部迅速前移，起跳腿积极放脚起跳。同时，摆动腿积极前上摆，落地时摆动腿先着地。

⑤短、中距离的助跑腾空步练习。丈量步点，采用走步丈量法。先确定助跑步数，然后根据助跑步数确定走的步数。走的步数一般为跑的步数乘2减2。例如，8步助跑的步数确定：8×2-2=14（走步）。助跑要做到"三高"，即高重心、高频率、高速度。起跳强调一个快字。

⑥利用俯角跳板或斜坡跑道的短、中程助跑起跳腾空步练习。

2. 三级跳远

（1）技术要领

第一跳要尽可能做到平稳和放松，保持不错的向前冲力，控制好身体平衡，落地放脚有积极的"扒地"动作。起跳腿蹬离地面时，做好双臂的制动动作。第二跳起跳离地后，完成"跨步"飞行自然腾空，一直延续到腾空的2/3处，后1/3为下次起跳作准备。第三跳用蹲踞式或挺身式跳远腾空和落地技术。

（2）练习方法

①连续跨步跳练习。在整个跨步跳过程中，应做到动作幅度大且自然，持续时间较长。在腾空中段的1/3处可稍团身，以便在最后1/3处接着前摆和强有力地"扒地"和起跳。

②短距离助跑单足跳练习。4~6步助跑起跳后，腾空中两腿换步，以起跳腿落入沙坑后继续跑进。重点体会空中换步时机和幅度。

③连续单足3~5级跳练习。控制好蹬地方向、跳跃的节奏和"扒地"落地，同时两臂要协调配合。

④连续做三步助跑起跳—单脚跳—腾空步动作。

⑤六步助跑三级跳远练习。助跑六步，在起跳板上起跳做单脚跳—跨步跳—跳跃动作。第一跳"平"，第二跳"远"，第三跳"高"。初学者应掌握好三跳的比例，一般为第一跳35%，第二跳30%，第三跳35%。

3. 跳高

（1）技术要领

助跑要积极加速、步点准、有弹性、节奏好。后段弧线助跑保持身体向内倾斜。过杆时形成较大背弓，充分利用身体重心腾起的高度和身体各环节之间的补偿作用。技术动作由助跑、起跳、过杆、落地组成。动作姿势分为跨越式、俯卧式、背越式。重点是助跑、起跳的结合，过杆动作如图5-1-2所示。

图5-1-2　跳高示意图

（2）练习方法

①利用跳箱仰卧做背弓成"桥"练习。

②在垫子上原地站立，后倒背弓练习。

③原地双腿跳起做后倒背弓练习。背对海绵包站立，然后双脚跳起，肩后倒挺髋，成背弓仰卧落在垫子上，先不要抬大腿，保持小腿自然下垂姿势。

④原地双脚跳起做背弓过杆练习。背对海绵包站立，背后放一低横杆，屈膝半蹲，两臂在体侧后下方，两臂上摆，提肩提腰，两腿蹬伸跳起，肩后倒挺髋成背弓，小腿自然下垂。下落时，提大腿，甩直小腿。过杆后，以肩背落在海绵包上

⑤确定助跑步点，全程助跑起跳练习。

⑥4步弧线助跑起跳成背弓练习。助跑起跳后，成背弓姿势，落在高于臀部的海绵垫上，小腿放松自然下垂。强调倒肩、放摆动腿的时机。

⑦4~6步助跑起跳过杆练习。

⑧逐渐升高横杆高度的全程助跑背越式跳高完整技术练习。

（三）全能项目

全能项目是由若干田赛和径赛项目组合在一起，根据田径全能项目评分表，把各项的成绩换算为分数，然后加在一起评定成绩。由于项目的多样性，全能项目对人体能力的要求也带有综合性，是人体综合运动能力的竞赛。从事全能项目的练习，可以全面提高人体综合运动能力。

投的项目有推铅球、掷铁饼、掷标枪、掷链球。下面仅介绍推铅球项目。

1. 技术要领

滑步时身体要平稳，腿部动作以摆带蹬，以压促收，低滑快落，与最后用力紧密衔接。推铅球是在直径为2.135m的投掷圈内，将铅球推在40°角的扇形区之内。推铅球技术有侧向推铅球、背向推铅球、旋转推铅球。推铅球技术由五个方面组成：持球、预备姿势、滑步、最后用力、维持身体平衡。其中，重点是滑步和最后用力技术。

2. 练习方法

练习的方法可以通过以下几个方面来分别进行练习，具体内容如下。

①向前下方推球。两脚前后自然开立，上体直立，右手握持好球可用左手扶住球，然后上体右转，挺胸、转肩、伸臂拨球，将球向前下方推出。

②徒手模仿出手动作。两腿前后开立，右臂模仿持球动作，两膝微屈，重心移至后腿，在后腿用力蹬伸并将重心移向前腿的同时，做转髋、转体、送肩、伸臂、拨腕的最后用力动作。完成动作后应稍停顿。

③原地正面轻推铅球。两脚前后开立，面对投掷方向握持好球。左脚在前，脚尖内扣约30°，右脚在后，膝微屈。左臂前伸内旋，肩稍有转，含胸，做向前上方挺胸、送肩、伸臂、拨球动作，以体会下肢蹬伸发力和左侧支撑与右侧转体顶肩动作的用力配合。

④原地侧向推球。侧向推预备姿势站立，身体预摆1~2次后，接着做蹬伸起转体送肩、伸臂拨球动作，将球推出。

⑤原地背向推球。背向推铅球预备姿势站立，完成推球动作。

二、篮球教学中的基本技术和练习方法

篮球运动自传入我国，受到人们的普遍热爱，同样，在我国学校中更

是具有良好的群众基础。当然，在进行篮球训练的时候，必须掌握基本的技术和练习方法。

篮球技术包括进攻和防守两个方面，进攻技术包括传接球、投篮、运球、持球突破等技术；防守技术包括防守对手、抢球、打球、断球等；攻防技术中都有移动，传、接球，投篮以及运球。

（一）移动

移动是篮球比赛中队员为改变位置、方向、速度和争取高度等所采用的各种脚步动作的统称。

1. 移动技术

移动技术有基本站立姿势、起动、跑、跳、急停、跨步、转身、滑步、后撤步等。

（1）基本站立姿势

两脚前后（或左右）开立，两脚间距离约与肩同宽，前脚掌着地，两膝微屈，身体重心的投影点落在两脚之间，上体前倾，两臂屈肘自然下垂置于体侧，目视场上情况。

（2）起动

起动是队员在球场上由静止状态变为运动状态的一种动作。在进攻时，突然快速的起动是摆脱防守的有效手段。在防守时，迅速的起动是保持或抢占有利位置，看住对手的首要环节。

动作方法：从基本站立姿势开始，起动时以后脚（向前移动）或异侧脚（向后移动）前脚掌短促有力的蹬地，同时上体迅速前倾或侧转，向跑动方向移动身体重心。手臂协调摆动，迅速向跑动方向迈出。起动后的两三步要积极、短促而迅速，使之能在最短的距离内把速度充分发挥出来。

（3）跑

跑是运动员在球场上改变位置、提高速度的重要方法。比赛中经常使用的跑有变速跑、变向跑、侧身跑等。

①变速跑。变速跑是表示在跑动中利用速度的变换来争取主动的一种方法。动作要突然。加速时，上体稍前倾，前脚掌短促有力向后蹬地，加快跑的频率，手臂相应摆动。减速时，上体逐渐直立，前脚掌用力抵地，减缓向前冲力，从而降低跑速。

②变向跑。变向跑是表示在跑动中突然改变方向来摆脱防守的一种方法。向左变向跑时，用右脚前脚掌内侧用力蹬地，脚尖内扣，屈膝，腰部和上体左转的同时右脚向左方跨出一步，左脚迅速向左侧前方跨出。然后

继续向前跑进（右变向跑时动作相反）。

③侧身跑。跑动中为了抢位或接球常采用侧身跑。向前跑动的同时，头部和上体自然向有球方向扭转，做到既保持跑速，又注意观察场上情况。

（4）急停

急停是表示跑动中突然制动速度的动作方法。各种脚步动作的变化，大多以此动作来衔接和过渡。跨步急停和跳步急停是常用的急停动作。

①跨步急停（两步急停）。跨步急停是表示在快速跑动中，先向前跨出一大步，以全脚掌抵住地面，迅速屈膝，同时身体稍后仰，身体重心后移。第二步着地时，身体侧转，脚尖稍内转，身体重心落在两脚之间。两手臂张开，保持身体平衡。

②跳步急停（一步急停）。跳步急停是表示在慢速跑动中，以一脚起跳（要求腾空低，距离近），上体稍后仰，两脚同时平行落地，两脚间距离略比肩宽。前脚掌内侧蹬地，屈膝降低身体重心，保持身体平衡。

（5）跨步

跨步是一种起步的动作方法。作为一种假动作或过渡性动作经常与起动和转身等动作结合运用。以一脚为中枢脚，另一脚向前、向后、向侧跨出。

（6）转身

转身是以一脚做中枢脚，另一脚蹬地向不同方向跨移来改变站立的位置和方向。转身前，两膝微屈，上体稍前倾，身体重心落两脚之间。转身时，以中枢脚的前脚掌为轴，身体重心移至中枢脚上，腰部转动带动上体转动。同时移动脚的前脚掌用力蹬地向前（前转身）或向后（后转身）改变身体的方向。

（7）跳

跳是在球场上争取高度和远度的一种动作方法。有双脚起跳和单脚起跳两种。

①双脚起跳。双脚起跳表示两脚开立，屈膝下蹲，两臂后摆。起跳时，两脚蹬地，两臂上摆，上体在空中自然伸展。落地时，前脚掌着地，屈膝缓冲，以保持身体平衡。多用于原地起跳。

②单脚起跳。单脚起跳表示起跳时，踏跳腿屈膝蹬地，同时摆臂提腰，另一腿屈膝上摆，身体上升到最高点时，摆动腿自然伸直。落地时，两脚开立，屈膝缓冲。多用于助跑起跳。

（8）滑步

滑步是队员防守时移动的主要动作方法。分前滑步、后滑步和侧滑步三种。

①侧滑步。由平行站立姿势开始，向左侧滑步时，右脚前脚掌内侧蹬地，脚沿地向左跨出，落地时右脚紧跟滑动，靠近左脚，然后左脚继续跨出。身体重心不要上下起伏，保持屈膝低重心姿势，眼要注视对手。向右侧滑动时动作方法与左侧滑步相同，只是方向相反。

②前滑步、后滑步。由前后站立姿势开始，向前滑步时，后脚的前脚掌蹬地，前脚向前跨一小步，着地时，后脚紧跟向前滑动。注意屈膝降低身体重心。后滑步动作方法与侧滑步相同，只是向后滑动。

（9）后撤步

后撤步是变前脚为后脚的一种起步方法，并与滑步结合运用。撤步时，前脚用前脚掌内侧蹬地，加上腰部用力向后转动，同时后脚蹬地，前脚后撤紧接滑步。后撤角度不宜过大，身体重心不要上下起伏。

（10）攻击步

攻击步是防守队员突然向前跨步的一种脚步动作，目的是为了抢、打断球或造成持球者动作困难。上步时，利用后脚蹬地，前脚迅速向前跨出，逼近对手身体前，前脚同侧手伸出打球或干扰。身体重心落在后脚上。

2. 练习方法

①原地做好基本站立姿势，根据手势或其他信号向不同方向做起跳、快跑、滑步练习。

②原地持球或不持球，面对或背对防守队员做跨步、撤步，前、后转向练习。

③利用标志杆做不持球的起动、急停、转身、变向跑等练习。

④原地背向站立，听信号后转身起跑，做急停、转身等综合练习。

⑤在球场内利用曲线，做变向跑、变速跑、侧身跑练习。

⑥原地向上、向侧上方、向前上方做双脚起跳练习。

⑦助跑中单脚起跳，做手触篮板、篮圈练习。

⑧全场不持球做一对一攻守脚步动作练习。

3. 练习注意事项

①练习时应遵循先易后难、逐步提高的原则进行。

②基本站立姿势是各种脚步移动的基础。身体重心移动和手臂的协调配合是快速移动的关键。

③移动练习要与技术、战术、身体素质训练紧密结合。

（二）传、接球

传、接球是进攻队员之间有目的地转移球的方法，也是进攻队员在场上相互联系和组织进攻的纽带，是实现战术配合的重要手段。

1. 传球技术

传球技术有双手胸前传球、双手反弹传球、单手肩上传球、单手体侧传球四种动作方法。

（1）双手胸前传球

双手胸前传球是基本的和最常用的传球方法，可在不同距离和方向运用，也便于和投篮、突破等动作结合运用。

动作方法：双手持球，五指自然分开，拇指相对成八字形，用手指根以上部位持球，手心空出。两臂自然弯曲于体侧，置球于胸前。传球时，后腿蹬地，身体重心前移的同时前臂迅速前伸，手腕翻转，拇指下压，食、中指弹拨，将球传出。远距离传球时，则需加大蹬地、伸臂和腰腹的全身协调用力，图5-1-3所示。

图5-1-3　双手胸前传球示意图

（2）双手反弹传球

双手反弹传球的动作方法与双手胸前传球相同。反弹球的击地点在传球人与接球者三分之二处，球弹起高度在接球者的胸腹部。

（3）单手肩上传球

单手肩上传球是一种中、远距离传球方法，它速度快，准确性高，在发动长传快攻时运用较多。

动作方法：持球方法与双手胸前传球相同。两脚开立，右手传球时，左脚向传球方向跨出半步，同时将球引到右肩上方，右手持球。上臂与地面近似平行，手腕后仰，托住球后下方。左肩对准传球方向，身体重心落在右脚上。出球时，右脚蹬地，转体，挥臂，手腕前屈，借助食指、中指和无名指拨球，将球传出，如图5-1-4所示。

图5-1-4　单手肩上传球示意图

（4）单手体侧传球

单手体侧传球是一种隐蔽传球方法。动作方法：双手持球于胸前，两脚开立，两膝微屈。右手传球时，右手持球后引，经体侧向前做低线摆动，手腕前屈，借助食指、中指和无名指拨球，将球传出。

2. 接球技术

在双手或单手接球时，眼睛要注视来球，肩臂放松，手臂前伸迎球自然分开。当手接触到球时，屈肘，臂后引。接球后立即将球置于胸腹之间以便进行下一动作。

①双手接胸部高度的球。眼视来球，两臂前伸迎球，手自然分开，两拇指成八字形，手指向前上方，两手成一个半圆形接球。

②双手接反弹球。动作方法与接胸部高度的球相似。其不同点是：接球时，迎球跨步，上体前倾，两手迎球向前下方伸出。

3. 练习方法

①徒手进行各种传、接球的模仿性练习。

②两人一组一球，一人原地传球，另一人向前、后、左、右移动做接球练习。两人一组一球，对面站立，相距4~6m，做各种传、接球练习。

③两人一组用两球，做传、接球练习，其中一人用双手胸前传球，另一人用反弹传球。然后交换练习。

④半场四角跑动传、接球练习，可分组成四方队形。"a"传球给"b"的附近作弧线跑并接"b"的回传球，然后将球传给"c"后，跑到"c"的背后。"b"传球给"a"后，立即跟在"a"的后面进行弧线跑

动，并接"c"的传球接球后立即将球传给"d"，并跑至"d"的后面。依次进行如图5-1-5所示的动作。

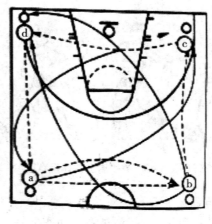

图5-1-5

⑤两、三人行进间全场传、接球练习。

⑥两人一组一球，做单手肩上传球快攻练习。

4. 注意事项

①传、接球的教学应从持球动作开始，先教接球，再教传球；先原地，后移动。重点掌握手法。

②扩大视野，传球时，尽量做到隐蔽、准确、多变。接球时，要积极移动迎前接球。

③传、接球练习时，要与投篮、突破、运球等技术结合起来。

（三）投篮

投篮是篮球运动的主要进攻技术，是在此赛中得分的唯一手段。为此掌握和运用好投篮技术，不断地提高投篮命中率，具有十分重要的意义。

1. 投篮技术

投篮技术包括瞄篮、原地双手胸前投篮以及跳投三个环节。

（1）瞄篮

根据投空心篮的技术要求，结合篮板和篮圈的结构特点，瞄篮方法采用三点为一线法较宜。

动作方法：依场地、篮板结构特点如图5-1-6所示，以40°角点线联结

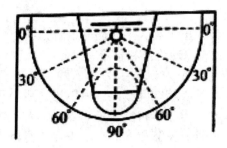

图5-1-6　环框示意图

为例，ABC线借助篮圈圆心点O连结成一条直线。投篮位置的确定，要站在瞄篮时视线借助篮圈的中心点所形成的直线射在篮板黑框线上的某一点而形成三点一线的位置上，并借助视线把篮圈分成均等的两半，根据篮圈的两半圆的比例调整手型。投篮时根据瞄篮在三点一线出手，就会准确控制投篮方向，专心调整出手力量。实践证明，在30°~90°之间均可采用这种方法。

（2）原地双手胸前投篮

原地双手胸前投篮适用于中、远距离投篮，便于与传球和突破动作结合。一般女队员运用较多。

动作方法：双手持球于胸前，肘关节自然下垂，两脚前后或左右开立，两膝微屈，身体重心落在两脚间，目视球篮。投篮时，两脚蹬地，腰腹伸展，两臂向前上方伸出，前臂内旋，拇指下压，手腕前屈，食、中指用力拨球，借助指端将球投出。身体随出球方向自然伸展，脚跟提起。球在空中向后旋转飞行，如图5-1-7所示。

图5-1-7　原地双手胸前投篮示意图

（3）跳投

跳投具有突然性强，出手高，不易防守的优点，可与传球、突破和假动作结合运用。常用的有原地跳投和急停跳投。

原地跳起单手肩上投篮。以右手为例，两手持球于胸前，两脚自然开立，两膝微屈，身体重心落在两脚上。两腿迅速用力蹬地向上跳起，同时双手举球于右肩上方，当身体腾空至最高点时，左手离球，右手将球投出。其手法与原地单手肩上投篮相同。在空中保持身体平衡，出手要快而高，如图5-1-8所示。

图5-1-8　跳投示意图

2. 注意事项

①根据各种投篮技术动作的内在联系，先学双手投篮，后学单手投篮；先学原地投篮，后学行进间和跳起投篮。

②因人制宜，选择适当的投篮方法进行反复练习，形成正确定型。投篮与移动、突破、传球等技术结合起来练习。加强在对抗条件下的投篮练习，不断提高投篮命中率。

③投篮练习可安排在不同条件和环境下进行，以提高心理的适应和承受能力，增强投篮信念。

（四）运球

持球队员在原地或移动中，用手连续拍按从地面反弹起来的球的动作叫运球。运球是控制、支配球，组织战术配合及突破防守的重要手段。

1. 运球技术

运球技术有多种类型。运球时的手型是五指分开，手心空出，靠手表示触及球的部位来改变球的运行路线。

（1）高运球

运球时，两膝微屈，上体稍前倾，目视前方。手用力向前下方推按球，把球的落地点控制在身体侧前方。球反弹高度在胸腹之间。手脚要协调配合，如图5-1-9所示。

图5-1-9　高运球示意图

（2）低运球

低运球是在对手紧逼时，常采用的运球方法。

动作方法：抬头，目视前方，两腿深蹲，降低身体重心。上体前倾，用上体和腿保护球，同时用手短促地拍打球，球从地面向上反弹的高度在膝关节以下。

（3）运球急停急起（变速运球）

变速运球是用运球速度的突然变化来摆脱防守的一种方法。

动作方法：急停时，用手快速拍按球的前上方，同时两脚做跨步急停，并转入低运球。用身体和腿保护球。急起时，后脚用力蹬地，拍按球的后侧上方，用高运球向前推进，超越对手如图5-1-10所示。

图5-1-10　变速运球示意图

（4）变向运球的方法

①体前变向换手运球。这种运球方式是运球队员突然改变运球方向，用来突破防守的一种方法。

具体的动作方法为：运球队员欲从对手右侧突破时，先向对手左边快速运球，当对方身体重心向左侧转移时，运球队员突然改变方向，右手拍球的右侧上方，使球从自己身体右侧移向左侧前方。同时，右脚向左前跨出，上体左转，用肩挡住对手，然后换左手运球，左脚跨出，靠近对手右侧运球突破，如图5-1-11所示。

②背后变向运球。是借助身后改变运球方向的技术。该技术较身前变向运球复杂，它适用于快速运球中距防守者较近的情况下运用。在当前随着紧逼防守的广泛采用，迫使更多的运动员掌握了背后变向运球技术，提高了运球的能力，以达到摆脱防守，争取主动的目的。

具体的动作方法为：运球时（右手为例）无堵截时球保护在右侧前方，遇到防守堵截时用右腿将球拉在体侧，再用左腿，身体前移，手将球拉至身体侧后的同时，手拍扣球的外侧，手腕手指用力将球往身后拍扣到左前方，左手自然伸出将球向前送。这时脚的变换动作同身前变向动作相同。在此练习中应注意身体重心要低，要始终保持水平向前移动，拍按球的方向（对球的用力方向），应和左腿迈出的方向相同，球的落地点应接近于左脚，使球保护在身体左侧，始终围绕着自己的身体运动。

图5-1-11　变向运球示意图

③身前变向运球接背后变向运球。身前变向运球（以右手为例），右手持球右脚在前，球从右向左拍按变向右脚蹬地转髋，左脚向左迈出一步，左手接从右边反弹起来的球，左脚同时蹬地转髋。左脚自然向右迈出一步，同时左手从背后向左前方拍按，在右脚落地的同时右手接反弹球，左脚向右前方迈出，向右突破。

④髋下运球接背后运球

该练习方法以向右突破为例，右手持球左脚向左迈出一步，在左脚落地时球从身前借助髋下拍按到左侧后方，左手接触到球时右脚向右前方迈出一步，在迈步的同时左手将球经过背后拍按到右侧前方，左脚蹬地转髋，向右前方迈步，形成向右突破（左右相同）。

2. 注意事项

①先原地后行进间，逐步加大运球难度，提高控制球的能力。注意养成抬头、扩大视野观察场上情况的习惯。

②应掌握运球与传球投篮技术结合的练习。

第二节　足球与排球教学内容及建议

一、足球运动技术

现代足球起源于英国，是当今世界上最有影响、开展最广泛的一项运动，被誉为"世界第一运动"。足球运动是一项以脚为主支配球，两队相互对抗，以踢进球门球数判定胜负的球类运动。高水平的世界足球比赛场面激烈，激动人心，吸引着数以万计的球迷。

足球比赛的特点是进行人数多、场地大、比赛时间长、技术复杂、战术多样。在比赛中，不仅要求运动员具有强壮的体魄、快速的奔跑能力和勇猛顽强的战斗意志，而且还要求运动员在对手阻挠的情况下完成复杂的技术动作和战术配合。

足球运动技术，是表示运动员在足球比赛中所采用的合理行动和动作方法的总称。它分为踢球、停球、头顶球、运球与运球过人、抢截球、掷界外球、射门、守门员技术。

（一）踢球

踢球是表示用脚的不同部位将球击向预定的目标。踢球的方法主要有脚内侧踢球、脚背正面踢球、脚背内侧踢球等。

1.脚内侧踢球

运动员踢定位球时，正面直线助跑，最后一步稍大，支撑脚踏在球的侧方10~15cm处，足尖正对出球方向，膝关节微屈。与此同时摆动腿以髋关节为轴，大腿带动小腿由后向前摆动，在前摆过程中髋关节、膝关节外展，足尖翘起，脚掌与地面平行，用脚内侧（足弓部位）击球的后中部。在击球的刹那间身体稍前倾，踝关节紧张，足跟前送，两臂配合协调摆动，将球击向预定目标，如图5-2-1所示。

练习方法：

①原地做无球踢球的模仿练习，主要体会摆动腿以髋关节为轴，大腿带动小腿的摆动方法。

②做向前跨一步的踢球模仿练习体会支撑脚的站位和摆动腿的配合。

图5-2-1

③助跑3~5步的踢球模仿练习，主要体会支撑脚的站位和摆动腿的摆动协调、连贯的用力技术。

④学生两人一球，一人用脚底踩球，另一人做原地或上一步的踢球练习。要求踢球力量不要过猛，主要体会支撑脚的选位和摆动腿的摆动动作。

⑤面对足球网或足球墙做踢球练习。开始距离5m，用力不要太大，待动作熟练后逐渐加长距离，主要体会踢定位球的动作要领。

⑥两人相距6~8m传球，要求力量不要过大，方向踢准。

⑦将学生分成若干队，每两队一组，踢迎面抛来的地滚球。每队第一人踢球后跑向队尾，迎面第一人将球接住，轻抛地滚球给对方第二人，然后回到队尾第二人踢球后，迎面第二人再轻抛给对方第三人。依此类推，直至最后一人踢完，双方轮换做抛球人。

⑧面对足球墙，相距10m，在墙上靠近地面画宽1m、高0.5m的球门，要求学生踢出的球击中球门内，每人踢10个球，看谁踢进的次数最多。

2. 脚背正面踢球

踢定位球时，直线助跑，最后一步稍大，支撑脚以脚跟着地，踏在球的侧后方10~15cm处，膝关节微屈，足尖正对出球方向；摆动腿以膝关节为轴，大腿带动小腿屈腿积极向前摆动，当膝盖摆至接近球的垂直上方时，小腿做爆发式的前摆，用脚背正面击球的后中部。击球时脚面绷直，踝关节紧张，上体稍前倾，两臂协调配合摆动。如图5-2-2所示。

练习方法：

①原地模仿练习，要求绷脚面，脚趾扣紧，掌握摆腿及脚形的正确技术。

②上一步模仿练习，体会支撑脚站位与摆腿的配合技术。

③助跑3~5步面对墙做踢球练习，体会脚背正面踢球的完整技术。

图5-2-2　脚背正面踢球示意图

④在足球墙距地面高1m处画直径1.5m的圆，学生距墙10m向圆内踢球。每人只有一次机会，但踢进圆的可以连踢，统计哪组累计数量多。

⑤在场地上画若干直径为2m的圆，学生站在距圆20m处踢高球，使其落点在圆内，看谁踢得准。

（6）同上练习，在学生与圆之间空中拉一皮筋，要求踢出的球越过皮筋，落点在圆内。

3. 脚背内侧踢球

踢定位球时，斜线助跑，助跑方向与出球方向约成45°角。支撑脚外侧着地，踏在球的侧后方25~30cm处，膝关节微屈，足尖指向出球方向，身体稍向支撑脚一侧倾斜并转向出球方向；大腿带动小腿积极前摆，当膝盖摆到接近球内侧垂直方向时小腿加速前摆，同时足尖稍外转，脚面绷直，脚趾扣紧，足尖指向斜下方，以脚背内侧击球的后中部。踢球后，踢球腿随球继续前摆，两臂随踢球动作自然摆动。如图5-2-3所示。

图5-2-3　脚背内侧踢球示意图

练习方法：

①原地和上一步踢球模仿练习，主要体会支撑脚的位置、身体向支撑脚侧倾斜。

②助跑踢球的模仿练习，主要体会助跑方向和弧形摆腿的路线、方法及两腿的配合。

③两人相距10m，互相踢球练习。

④距足球墙6~8m，在墙上1m高处画圆，要求踢出的球击在圆内。

⑤距球门15~20m踢定位球练习，要求踢球力量大，方向准确。

⑥在罚球弧附近分组进行射门练习，一组在门后捡球，统计哪组进球总数量多。

（二）停球

停球是表示有目的地用身体的合理部位，将运行中的球停留在所控制的范围之内。常用的停球方法有脚内侧停球、脚底停球、脚背正面停球、脚背外侧停球和胸部停球。下面主要分析前三种停球方法。

1. 停球技术动作

（1）脚内侧停球

停地滚球时，身体正对来球方向，支撑脚的脚尖与来球方向一致，膝微屈。停球腿提起屈膝外转并前迎，足尖稍翘起，使足内侧对准来球。当脚与球接触前的刹那开始后撤，以缓冲来球的力量，把球停留在便于衔接下个动作的控制范围内。

停反弹球时，支撑脚跨步踏在球落点的侧前方，膝关节微屈，上体稍前倾并转向停球方向。停球脚提起，踝关节放松，脚内侧对准球反弹方向，当球刚弹离地面时，用脚内侧推压球的中上部，将球停留在便于衔接下一个动作的控制范围内。

（2）脚底停球

停地滚球时，身体面对来球方向，当球接近体前，支撑脚踏在球的侧后方，足尖正对来球，膝关节微屈。停球腿抬起，膝弯曲，脚跟离地低于球，脚尖翘起高于球。当球刚刚接触脚掌时，脚掌轻轻下压球的中上部，将球停于脚下。

停反弹球时，支撑脚踏在球落点的侧后方，膝关节微屈维持身体平衡。停球腿膝关节弯屈，足尖翘起，前脚掌对准球的反弹方向。当球弹离地面的一刹那，用停球脚的前脚掌触球的后上部并下压，将球停留在脚下。

（3）脚背正面停球

停球前，身体面对来球，支撑腿微屈维持身体平衡。停球腿屈膝抬起，小腿前伸主动迎球，用脚背正面接触球的底部。当脚背触球前的刹那，腿下撤以缓冲来球力量，同时膝关节和踝关节放松，将球停留在体前适当的位置。

2. 停球技术练习方法

（1）原地徒手模仿

学生在教师指导下，练习体会动作方法，或在走动中和跑动中模仿练习，体会动作方法和要领。

①两人一球，相距10m，一人用手抛地滚球，另一人迎上用脚内侧将球停在体前或体侧，然后将球拣起用手抛球滚给对方。

②两人相距15~20m，一人用脚内侧将球传给对方，另一人用脚内侧将球停住，同时用脚内侧将球回传。

③两组相距15~20m，一组第一人用脚内侧将球传给对方，然后排到队尾，另一组第一人用脚内侧将球停住后再用脚内侧回传。

④每人一球面对足球墙做踢球练习，将弹回的地滚球用脚内侧停住。

（2）停反弹球练习

①每人一球，自抛自停。当将球抛起后可用脚掌内侧、脚背外侧等部位进行停反弹球的练习。

②每人一球，自踢自停。用脚背正面颠球2~3次后使球落地，然后分别用脚掌、脚内侧、脚背外侧等部位进行停反弹球练习。

③两人一球，互抛互停。一人抛弧线球，另一人迎上用脚掌、脚内侧或脚背外侧等部位停反弹球练习。

④两人一球，互踢互停。两人相距20m，中间插一标杆，互相传球，使球越过标杆后，练习用脚掌、脚内侧或脚背外侧停反弹球。

⑤三人各相距20m进行三角传球，练习用脚掌、脚内侧或脚背外侧停反弹球。

（3）停空中球练习

①每人一球，自抛自停。将球抛起后用挺胸停球方法进行停球练习。

②两人一球，互抛互停。一人抛高空弧线球或平直球，对方用挺胸停球或收胸停球方法将球停下，再用同样方法回抛。

③每人一球，自踢自停。用脚背正面将球踢起，然后跑上前去，用挺胸停球法将球停下。

④两人一球，互踢互停。两人相距25~30m互相踢球，根据来球的高度用挺胸或收胸停球法进行停球练习。

⑤停球比赛。两组相距15m各为一队，一组排头将球传给对面后跑至排尾，另一组排头将球停住后传回对面，跑至排尾，依次进行。只准用规

定动作停球，看哪队先做完。

（三）头顶球

顶球是有目的地运用头的前额部位直接处理空中球的基本技术。正确运用头顶球技术，可以争取时间，抢占空间，取得空中优势。在发动与组织进攻时，头顶球可直接传递、摆渡或抢点射门；在防守时，头顶球又可以阻截、抢断或门前排险，转守为攻。顶球的准确性取决于头触球的部位和用力方向；而出球力量的大小，则取决于来球的力量、顶球的时间、头触球的部位以及全身的协调用力。

1. 顶球技术动作

（1）原地正额顶球

身体正对来球，两脚前后开立，膝关节微屈，上体稍后仰，重心放在后脚上，两臂自然张开。当球运行到身体垂直部位前的刹那，后脚用力蹬地，上体迅速前摆，身体重心移向前脚，同时收下颌，颈部紧张，用前额正面顶球的后中部，上体随球继续前摆，两眼注视出球方向。如图5-2-4所示

图5-2-4 顶球技术示意图

（2）跳起正额顶球

当运球者原地双脚起跳时，两腿先屈膝，身体重心下降，然后两脚用力蹬地跳起，同时两臂屈肘上摆，在跳起上升过程中，挺胸展腹，两臂自然张开眼睛注视来球。当跳至接近最高点时，身体成反弓形，待球运行到身体垂直部位前的刹那，迅速收腹，折体前屈，用前额正面将球顶出，球

顶出后两腿屈膝落地。单脚起跳时，可做三五步助跑，最后一步的步幅稍大，用力脚迅速蹬地另一腿屈膝上摆，两臂屈肘上提，使身体向上腾起，并挺胸展腹，两臂自然张开且身体成反弓形，眼睛注视来球，待球运行到身体垂直部位前的刹那，迅速收腹折体，用前额正面将球顶出，球顶出后两腿屈膝落地。

2. 顶球技术练习方法

①原地模仿练习，体会动作要领。

②利用吊球做原地顶球练习，主要体会上体后仰，迅速前摆屈体和头顶球的部位。

③两人一球，进行抛顶练习，主要体会顶球时机。

④学生围成圆圈，中间一人抛球给周围的人，周围人依次把球顶回给中间人。

⑤学生围成圆圈，互相顶传练习，看哪个圈的球落地次数少。

⑥三人一球，三角顶球练习，比较三人顶球次数，规定比赛时间。

（四）运球与运球过人

运球与运球过人是表示运动员有目的地用脚的各个部位连续拨球，使球在自己控制范围内的触球动作。它是运动员个人控制球能力和个人进攻能力的体现，也是集体战术实力的基础之一。

1. 运球技术动作

（1）脚内侧运球

运球时，支撑脚向前跨，肺在球的侧前方，膝关节直上体前倾向里转。随着身体向前移动，运球脚提起，在落地之前，用脚内侧的后中部踢球。在改变方向运球时，经常是用两只脚交替拨球。

（2）脚背外侧运球

运球时，支撑脚保持在球的侧后方，运球脚抬起时，脚跟提起，脚尖稍内转，再迈步前伸落地，用脚背外侧推拨球。向前跑动时身体自然放松，上体稍前倾，两臂自然摆动。

（3）脚背正面运球

运球时，身体正对运球方向，运球脚提起时，膝弯屈跟提起，足尖下移，再迈步前伸落地，用脚背正面推拨球的后中部。向前跑动时身体应自然放松，上体稍前倾，两臂自然摆动。

2. 运球过人技术动作

（1）拨球过人

拨球过人是运用脚腕的抖拨动作，以脚背内侧或外侧触球使球向侧方或侧前方移动。比赛中，一般遇到对手从正面来抢球时，可先运球逼近对手诱使对手伸腿抢截或身体重心随之移动，然后运球者运用拨球动作从对手的侧方越过。

（2）推球过人

先运球逼近对手，诱使对手伸腿抢球，或当对手积极后退阻截站位失去身体平衡的刹那，快速推球并加快起动，使球从对手胯下或体侧越过的同时，人也跟着越过。

（3）扣球过人

扣球过人是运用转身、膝关节的摆动及脚腕急转压扣的动作，以脚背内侧或外侧触球，将球迅速停住或改变方向，然后运球过人。

（4）拉球过人

拉球过人一般在对手伸腿抢球的同时运用。先运球通过对方，待球向前滚动速度逐渐减慢或已处于停止状态时，诱使对手伸腿抢球。当对手伸腿重心前移的刹那迅速用脚掌向后拉球闪开对手抢截，紧接着用脚内侧向外侧前方推球越过对手。

3. 运球与运球过人技术练习方法

①在走和跑中用单脚或双脚交替运球，熟悉球性，体会推拨球的动作。

②学生成一路纵队，第一人运球绕过标杆后往回运球，将球交给第二人后，排到队尾，依次进行练习。

③学生成一路纵队，第一人向前运球，分别绕过前方5~8个实心球再往回运球。依次进行曲线运球练习。

④一列横队，每人一球，按教师的口令或手势做由变向到变速，由运球到过人的运球练习。

⑤两人一球做一运一过球练习。

⑥学生绕圈做各种运球、过人的练习。要求学生最好左、右脚对称依次进行。学生要注意养成抬头运球习惯，努力做到人球兼顾、视野开阔。并强调学生在运球过人技术练习中，练、想、看、说能力综合发展。

（五）抢截球

抢截是占据有利位置，封堵球的去路或阻挠对手自由地运动，它是运用身体的不同部位和所做的合理动作，以减慢对方推进速度，把对手控制的球夺过来或者破坏掉的一项基本技术。抢截球包括抢球和截球两个内容。

1. 抢截球技术动作

①正面跨步抢球

抢球前迅速靠近对方，做好抢球的准备，两脚前后开立，两膝微屈，身体重心下降，体稍前倾，面向对手。在对手运球脚触球后即将着地或刚着地时，支撑脚立即用力后蹬，抢球脚疾步跨出，膝关节弯屈，踝关节保持紧张，脚内侧正对球，触球后用力提拉，使球从对方脚背滚过，同时身体重心迅速跟上，把球控制好。若离球稍远抢不到球时，可用脚尖捅抢。如图5-2-5所示

图5-2-5　正面跨步抢球示意图

（2）侧面抢球

侧面抢球要求球与运球者平行跑动，待对方远离自己身体一侧的脚落地时利用合理冲撞动作，使其失去平衡而离开球，乘机将球控制起来。在冲撞时要降低身体重心，靠近对方一侧的手臂要紧贴身体。如图5-2-6所示

2. 抢截球技术练习方法

①学生成体操队形，按教师口令做向前跨步抢截球的模仿练习。

②一人脚旁放一实心球，另一人做抢球练习，体会脚触球部位。

③两人相距4~6m，中间放一实心球，按教师口令同时做向前跨步抢球练习，体会跨步重心前移的抢截技术。

④两人相距10m，一人直线运球，另一人做正面跨步抢球练习。

⑤一人直线运球，另一人在侧面做合理冲撞将球抢下。

图5-2-6　侧面抢球示意图

⑥向前自抛地滚球，追上去两脚轮换做铲球练习。

⑦一人直线运球，另一人在侧后做铲球练习。

⑧学生围成圆圈传球，圈内2~3人做截球人，谁截到球后便站在圈上传球，失误者到圈内截球。

（六）掷界外球

掷界外球是表示按照规则的规定和要求，有目的地用双手将球从场外掷入场内，使比赛继续进行的动作技术。同时它又是一次很好的组织进攻的机会，尤其在对方罚球区附近掷界外球，其威胁更大。若不能很好地掌握这项技术，在掷球时因错误动作而造成违例，便失去一次很好的进攻机会。所以，运动员必须熟练掌握掷界外球技术。

1. 掷界外球技术动作

（1）原地掷界外球

面对出球方向，两脚前后或左右开立，两膝微屈，上体后仰成背弓，身体重心移到后脚上（左右开立时，身体重心在两脚间），两手手掌自然张开，拇指相对，持球侧后部，屈肘将球举至头后。掷球时后脚（或两脚）用力蹬地，迅速摆体、收腹、挥臂，当球摆至头上时用力甩腕，将球掷入场内。在掷球过程中，后脚可沿地面滑动但两脚均不得离地。如图5-2-7所示

（2）助跑掷界外球

助跑要自然协调速度快慢由掷球远近而定。助跑时两手持球于胸前在迈出最后一步时，上体后仰成背弓，同时将球举至头后。掷球时要用力蹬

图5-2-7 原地掷球示意图

地，迅速摆体、收腹、挥臂，当球摆至头上方时，用力屈腕，用甩腕和手指的力量将球掷出。

2. 掷界外球技术练习方法

①原地或助跑3~5步，徒手掷球做模仿练习。

②利用实心球做原地或助跑掷球练习。

③两人一球，相距8~10m，进行原地掷球练习。

④两人一球，相距15m，进行助跑掷球练习。

⑤掷准比赛。在前方画直径0.5m的圆，前后共5个，每圆之间相隔0.5m，最近的圆距离学生5m，最远的圆距离学生12m，向圆内进行掷准比赛，掷入最近的圆得1分，其次为2分，最远的是5分，看哪队得分最多。

⑥掷远练习。两人相距15m，在其背后20~25m处各画一条胜负线，一人开始掷球，对方需从球的落点处往回掷，反复进行，先掷过对方胜负线者为胜。

（七）射门

射门是表示进攻到对方门前时，运用不同的脚法（或头顶球）将球踢（或顶）进对方的大门。射门是得分的主要手段，而破门则是比赛的最终目的。但是，射门常常是在与对手激烈的竞争中进行的，需要摆脱对方的阻截、冲撞甚至一些不符合规则的粗暴动作，这就要求进攻者技术全面，动作迅速，真假结合，起脚突然，这样才能抓住时机、破门得分。

1. 射门技术动作

射门时运用的各种脚法或头顶球的动作本章前已叙述。掌握好射门技术的关键是起脚时机、脚法正确和准确有力。

2. 射门技术练习方法

①距足球墙6m处，在墙上画高1.5m，宽2m的长方形为球门，进行射门练习。

②每人一球，在罚球弧附近进行射门练习。

③在罚球点附近插两根标杆，进行射门练习，要求射出的球从标杆两侧绕。

④学生个人快速运球，在跑动中做射门练习。

⑤两人一球，一人向侧前方传球，另一人跑上去射门。

⑥6~8人一组，利用角球进行射门练习，必须用头顶球射门。

⑦射门比赛练习。10人一组，在罚球弧顶射定位球，看哪组进球数多要求射门有力。

（八）守门员技术

守门员技术是守门员在比赛中所采取的有效防御动作技术和在接球后所做的有助于本队进攻的动作技术。

守门员是全队的最后一道防线，守门员的主要任务是不让球射入本方球门。守门员除了要沉着冷静，具有顽强的意志，快速敏捷的反应能力和全面熟练的守门技术外，还要善于观察全局，随时注意攻守发展情况，扩大自己在罚球区的活动范围，尽早截获来球，起到协助指挥全队防守和进攻的作用。

1. 守门员技术动作

（1）位置选择

位置的选择应根据射门地点和射门角度来选择，一般应站在射门时球与两门柱所形成的分角线上。为了扩大防守面，可根据射门适当前移。

（2）准备姿势

两脚左右开立与肩同宽两腿自然弯屈，膝盖内扣，身体重心落在前脚掌上，上体稍前倾，两臂自然弯屈，手张开，掌心向下，观察来球。

（3）移动

侧滑步移动时，先用左（右）脚用力蹬地，右（左）脚稍微地向右

（左）滑步，左（右）脚快速跟上，使身体正对来球。交叉步移动时，身体先向右（左）倾斜，同时左（右）脚用力蹬地并快速向有右（左）前方跨出一步成交叉步，然后右（左）脚向右（左）侧移动，左（右）脚和右（左）脚依次快速移动，并蹬地跃起。

（4）接球

①接地滚球。直腿式接球时，两腿左右分开约一拳，足尖正对来球，上体前屈，两臂并肘前迎，两手靠近，手掌对着球。当手触球的刹那随球后引飞肘、屈腕，两臂靠近，将球抱于胸前。

单腿跪撑式接球时，身体正对来球，两脚稍前后开立，一腿弯屈支撑身体重心，另一腿内转跪撑，小腿内侧接近地面，膝盖靠近前脚脚踵，上体前屈两臂下垂，两手相对，手掌对准来球前迎。当手触球的刹那，两臂靠近随球后引，伸肘屈腕将球抱于胸前。

②接平直球。身体正对来球，两脚左右开立，两臂微屈前伸，手指张开，姆指相对。手掌对准来球。当手触球时，两臂顺势后引，转腕将球抱于胸前。

③接高球。两臂上伸迎球，手指张开，拇指相对成八字形，当球触手时，两臂顺势屈肘后引，转腕将球抱于胸前。

（5）扑球

身体倒地扑侧面低球时，右（左）脚迅速蹬地，左（右）腿屈膝向左（右）跨出一步，身体左（右）脚着地后，接着以小腿、大腿、臀部、上体和手臂的侧面依次着地。同时两臂向前伸出，左（右）手掌正对来球，另一只手在其上方两手腕稍向内屈，触球后把球收回胸前，然后站起。

鱼跃扑侧面地滚球时，两膝弯屈，身体重心下降，在身体向扑球方向侧倒的同时同侧脚用力蹬地跃出，挺胸使身体展开，两臂快速伸出，两手表示展开，手掌对球，向球扑去，以两手接球，前臂、肘、肩部、上体、臀部、大腿、小腿侧面依次着地，并以屈肘、扣腕的连续动作将球抱于胸前，同时屈膝站起。

（6）拳击球和托球

当遇到迅疾而有力的高球，球门附近又比较混乱的情况时，守门员没有把握将球接稳，或者遇到对方猛烈的冲撞，为了避免接球脱手，常采用拳击球和托球的方法将球处理掉。

单拳击球时，屈肘握拳于肩前，身体跳起接近来球，在击球前的刹那，快速冲拳，以拳面将球击向预定目标。

双拳击球时，两臂屈肘握拳于胸前，两拳靠拢，拳心相对，当跳起接近最高点至触球的一刹那，两拳同时快速冲出，以拳面将球击向预定目标。

托球时，跳起后全身伸展成背弓，一臂快速上伸，掌心向上，手掌前部或手用力将球向后上方托起，使球越过门梁。

（7）掷球

单手肩上掷球时，两脚前后开立，两膝弯曲，单手持球于肩上，持球手臂后引，同时身体侧转，身体重心移到后脚上，利用后脚蹬地、转体和挥臂甩腕的力量将球掷向预定目标。

单手低手掷球时，两脚前后开立，两膝弯曲，单手持球于体侧，持球手臂后引，手腕前屈，同时身体侧转成侧前屈，身体重心移到后脚上，利用后脚蹬地、向前摆臂、展腕和手拨球的力量，将球掷向预定目标。

（8）抛踢球

抛踢球是守门员将所获得的球，直接踢自抛的下落球或踢自的反弹球传给同队队员的踢球方法。这两种踢球技术与脚背正面踢球基本相同，但由于要求踢得远，故脚触球的部位一般为球的后下部。

2. 守门员技术练习方法

①按教师的手势进行前、后、左、右的移动练习，要求保持随时准备出击的预备姿势。

②两人一球进行一抛一接练习。先接正面地滚球，然后接平直球和高空球。

③两人一球，一踢一接练习。按地滚球、平直球和高空球的顺序进行，要求踢球者力量不要太大，接球者脚步移动要快。

④接连续抛来的球。要求抛球者变换不同角度，接球者手法正确，球不脱手。

⑤双手举球跪在沙坑或垫上，然后腿、上身、手臂依次倒地，成扑地滚球姿。

⑥跪在沙坑或垫上，按扑地滚球的动作扑适当位置的固定球。

⑦站立扑接侧面抛来的地滚球。

⑧守门员练习，接不同角度射来的各种球。

⑨进攻队员从罚球区线开始踢球，当守门员冲出到球门区线时，运球队员把球推向球门的两侧底角，守门员迅速转身回跑中扑球。推球的力量要适当。

二、排球运动技术

排球运动于1895年由美国马萨诸塞州的霍利克沃克城基督教青年会

干事威廉·莫根发明。其目的是想选择一种较为平和的娱乐与健身运动项目。

排球运动在美国问世后，随即传入世界各地。1900年传入加拿大，1905年传入中国，并且经历了16人制、12人制、9人制、6人制等变化。

排球技术是指运动员在比赛规则允许的条件下采用的各种击球动作和合理运用动作的总称。根据排球技术特点可分为六大类，即准备姿势与移动、垫球、传球、发球、扣球和拦网。

（一）准备姿势与移动

准备姿势与移动是完成好排球传、垫、扣、发、拦等各项技术的前提和基础。准备姿势一般分为半蹲准备姿势、稍蹲和低蹲准备姿势三种。如图5-2-8所示。

图5-2-8　排球准备姿势示意图

1. 准备姿势

准备姿势分为三种，此处详细介绍半蹲准备姿势。

半蹲准备姿势：两脚左右开立，略比肩宽，一脚在前、一脚在后，两脚尖向前微内收，膝关节保持一定的弯曲。上体前倾，重心在两脚之间略靠前。两臂自然弯屈置于体前，全身肌肉适当放松，两眼注视来球。

2. 移动

移动的目的在于迅速而及时准确地接近球，取得人与球之间恰当的位置，便于准确地击球。移动的方法有并步与滑步、跨步和跨跳步以及交叉步三种步法。

（1）并步与滑步

来球较近时采用。如向右并步，右脚先迈出一步，左脚迅速并上，落在右脚左侧然后做击球的动作。

（2）跨步和跨跳步

来球较低，距身体2m时采用。如向左移动时右脚用力蹬地，左脚迅速向来球方向跨出，身体重心随之移向左腿。根据经验判断采用跨步移动仍不能接近球时，可采用跨跳步移动。

（3）交叉步移动

来球距身体稍远时，可采用交叉步移动。如向右移动时上体稍向右转，同时左腿从右脚前向右迈出一步，并变成支撑腿，右脚再向右跨出一步成半蹲姿势如图5-2-9所示。

图5-2-9　交叉步移动示意图

（二）垫球

垫球是排球运动中最基本的技术之一，是接发球、后排接扣球、保护扣球、保护拦网及防吊球的主要接球方法。垫球可分为正面双手垫球、体侧垫球、背垫球。

1. 正面双手垫球

正面双手垫球是最基本最常用的技术，是各种垫球技术的基础。垫球时，手臂对准垫球方向伸直插向球下，两手叠合，两拇指平行，两手掌根紧靠，两臂夹紧，手腕紧压，两小臂外旋，使前臂腕关节以上10cm处形成垫击球的平面如图5-2-10所示。击球时，运用蹬地、伸髋、提肩抬臂的协同用力动作将球击出如图5-2-11所示。

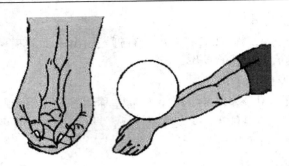

图5-2-10　正确垫球示意图

图5-2-11　正面双垫球示意图

2. 体侧垫球

当体侧来球，可采用体侧垫球技术。垫球时，两手臂挺直，垫球侧臂形成向内的斜面，然后利用脚蹬地伴有向外的动作，垫击球的外侧下方。

3. 背垫球

当不便采用传球成正面垫球时，可采用背垫球。垫球时，背对垫球方向、两臂伸直靠拢，击球点高肩，以抬头、挺胸，展腹、扬臂以及身体后仰动作将球击出。

（三）传球

传球是排球的基本技术之一。传球在组织进攻、攻防战术的串接中起着桥梁和纽带的作用。传球技术主要有正面上手传球、背传球、侧传球、调整传球等。

1. 传球技术

（1）正面上手传球

正面上手传球是最基本最常用的传球技术，是学习其他传球技术的基础。

传球时，两手手指自然张开，稍成球状，手腕稍后仰，两拇指相对接近字形，以拇指、食指、中指和无名指、小指的末端关节触球。击球点一般保持在额前上方的15cm处。触球时，手、腕应保持一定的张力，充分利用蹬地、伸膝、展髋、伸臂和手腕、手指的弹力将球传出，如图5-2-12所示。

图5-2-12 正面上手传球示意图

（2）背传球

向后上方传球称为背传球。是具有一定隐蔽性和战术意义的传球技术。传球时，抬头看球，将上臂抬起，手腕后仰，掌心向上，上体后仰。击球点保持在前额上方。手臂、手腕、手向后上方用力将球传出，如图5-2-13所示。

（3）侧传球

向身体两侧方向传球称为侧传球。传球前的准备姿势与正面上手传球相同传球时，只是用力方向有所改变。根据来球情况、传球方向和距离，调整传球的出手角度和用力大小。向右侧传球时，右手稍低，左手稍高，身体稍向右侧倾斜。向左侧传球，则与向右侧传球动作方向相反，如图5-2-14所示。

图5-2-13　背传球

图5-2-14　侧传球

2. 传球练习方法

①在教师的指导下徒手模仿传球动作。自传不同高度的球。

②2人一组，一抛一传。2人一组，对传球。

③2人一球，一人定位，另一人做不同方向的移动传球。

④3人一组，站在一条直线上，中间者背传，另一人从中间者后面远传。

⑤多人一球，运用多种传球方法。

（四）发球

发球是比赛的开始，也是进攻的手段之一。发球方法有正面下手发球、正面上手发球、正面上手飘球、勾手发球、勾手飘球和跳发球。下面主要分析前两种发球方法。

1. 正面下手发球

发球前，面对发球方向站好，左脚在前（以右手发球为例），两脚前后分约一步，重心稍偏右腿。发球时，抛球于右肩前下方，距身体约一臂远，右臂由后向前加速挥臂，用掌根或全手掌击球的后下方，如图5-2-15所示。

图5-2-15　正面下手发球示意图

2. 正面上手发球

正面上手发球，是用途较广的一种发球技术。发球前，面对球网前后开立，左脚在前，身体重心在右脚上，左手托球于腹前。发球时，左手或双手将球平稳垂直地上抛至右肩前上方约1m高度，同时右臂抬起，屈肘后引，使肘与肩平行手高于头。击球时，五指自然张开，抬头挺胸，展腹送髋，上体稍向右侧转。利用蹬地、收腹、收胸以及大臂带小臂的力量加速向前上方挥动，用全手掌击球的后中下部，击球点保持在右肩前上方，并伴有手腕向前推压动作，使球呈上旋飞行，如图5-2-16所示。

（五）扣球

扣球是排球最重要的基本技术之一，是最有效的进攻手段，也是比较容易掌握的技术。扣球技术分为正面扣球和扣快球。

图5-2-16　正面上手发球示意图

1. 正面扣球（均以右手为例）

正面扣球是扣球技术中最基本的方法。其优点是：正对球网和对方，动作灵活性大，适应性强，并能随时根据对方的拦网和防守情况变化扣球线，如图5-2-17所示。

图5-2-17　正面扣球示意图

2. 扣快球

快球的特点是进攻速度快，突然性大，牵制性强，在比赛中能争取时间和空间上的优势，达到突然袭击攻其不备的目的。快球可分为近体快球、背快、短平快球、平快球、平拉开快球以及个人战术快球等。

以近体快球为例，扣球队员距二传队员较近，一般采用两步助跑。其特点是球到二传队员手上，扣球队员迅速腾空并做好扣球的准备，当人体在最高点，球上升超出网沿时，立即截击扣球过网。扣快球应做到助跑快，起跳快，击球动作幅度小，利用收胸收腹带臂和手腕迅速挥甩，击球的后中上部，如图5-2-18所示。

图5-2-18　扣快球示意图

（六）拦网

1. 拦网分类

拦网是排球运动的基本技术之一，是变被动防守为主动进攻的重要手段。拦网可分为单人拦网和集体拦网两种。

（1）单人拦网

队员面对球网，两脚分开平行站立，稍宽于肩，距中线约40cm，两膝稍屈，上体稍前倾，两臂自然屈肘置于胸前。

拦网的移动，通常采用沿中线的平行并步或交叉步移动，在距球远时，可采用跑步法移动。移动结束时，必须迅速做好制动动作，两脚尖及上体转向球网。

拦网起跳时，两膝弯曲，身体重心降低，两臂屈肘向上摆动，配合两脚有力蹬地垂直向上跳起，同时收腹防止身体向前冲，以便控制身体保持平衡，如图5-2-19所示。

起跳后，两臂顺势沿着球网的垂直面向上伸，当超过网上沿后提肩向前上伸臂过网，两手主动接近球，手自然张开弯曲成弧型，并保持一定的紧张度托球的前上方，采用"盖帽"或封路线式拦击。拦击瞬间，两手手指和手腕应充分用力，并伴有手腕下压动作。

拦网动作结束后，两手臂要立即回缩，以免下落时触网。落地时以前脚掌先着地，随即过渡到全脚掌屈膝缓冲。

图5-2-19　单人拦网示意图

（2）集体拦网

集体拦网指以2人或3人组成的集体配合。目的在于扩大拦网范围，提高拦网成效，减小后排防守的压力。

以双人拦网为例。双人拦网是集体拦网的主要形式，常有2、3号位或3号位队员组成双人拦网，对中路进攻，则可能组成3号和2号与4号位队员的3人拦网，如图5-2-20所示。

图5-2-20　集体拦网示意图

2. 拦网的练习方法

①个人沿网移动进行拦网练习。

②2人隔网站立，原地起跳，网上击掌。隔网移动，跳起后网上击掌。

③3人一组，按2、3、4号位站立，3号位分别向2号位和4号位移动进行拦网练习。

④2人一组，隔网拦进行抛球练习。

第三节 武术与游泳教学内容及建议

一、武术基本功与练习方法

武术是以技击为主要内容，以套路和搏斗为运动形式，注重内外兼修的中国传统体育项目。中华武术，源远流长。它有着悠久的历史和广泛的群众基础，是中华民族在长期生活与斗争实践中逐步积累和发展起来的一种宝贵文化遗产。

武术运动是把踢、打、摔、拿、跌、击、劈、刺等动作，按照一定规律组成徒手和器械的各种攻防格斗功夫、套路和练习。武术的内容丰富多彩，按其运动形式可分为两大类：套路运动和搏斗运动。武术的基本功包括手型、手法练习、肩臂练习、腰部练习、腿部练习以及基本步型。

（一）手型

如图5-3-1所示，手型主要有三种，分别为拳四、掌四以及勾五。

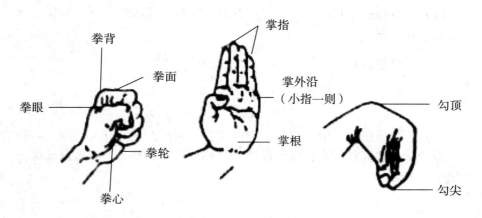

图5-3-1 手型

①拳四表示并拢卷握，拇指紧扣食指和中指的第二指节。拳握紧，拳面平，直腕。

②掌四表示并拢伸直，拇指弯曲紧扣于虎口处；手掌向上成90°，小表示一侧前。

③勾五表示拇指与食指捏拢在一起，屈腕。指尖向上或向下。

（二）手法练习

1. 原地和行进间冲拳

（1）动作要点

分俯拳和立拳两种。俯拳拳心向下，立拳拳眼向上；两脚左右开立，与肩同宽；两拳抱于腰间，肘尖向后，拳心向上；挺胸、收腹、立腰，右拳从腰间向前猛力冲出，同时转腰、顺肩，在肘关节过腰后右前臂内旋，力达臂要伸直，高与肩平；左肘向后牵拉。

（2）练习要求

出拳要快速有力，做好拧腰、顺肩、急旋前臂动作。

2. 原地和行进间推掌

（1）动作要点

预备姿势与冲拳相同。右拳变掌，前臂内旋，以掌根为力点向前猛力推击，同时转腰、顺肩，臂要伸直，高与肩平；左肘向后牵拉。

（2）练习要求

挺胸、收腹、立腰。出掌要快速有力，同时还要做好拧腰、顺肩、沉腕、翘掌等动作。

（三）肩臂练习

1. 动作要点

面对肋木或二人对面站立，距离一大步，两脚左右分开与肩同宽。两手抓握肋木或扶同伴双肩，上体前俯、挺胸、塌腰，并做下振压肩动作。如图5-3-2所示。

2. 练习要求

两臂、两腿要伸直，振幅应逐渐加大，压点集中于肩部。增加助力时应由小到大。

图5-3-2 肩臂练习示意图

（四）腰部练习

1. 动作要点

向前俯腰。由两脚开立逐渐过渡到并脚，两手逐步过渡到抱腿。如图 5-3-3所示为腰部练习示意图。

图5-3-3 腰部练习示意图

2. 练习要求

腿要直，腰尽量平。同时还可以进行转腰和下腰练习。

（五）腿部练习

1. 压腿

（1）正压腿

①动作要点。面对肋木，并步站立；一腿提起，脚跟放在肋木上，脚尖勾起，踝关节屈紧，两手扶按膝上；两腿伸直，立腰，收髋；上体前屈，并向前向下做压振动作。左右压腿交替进行。如图5-3-4所示。

图5-3-4　正压腿示意图

②练习要求。直体向前、向下压振，逐步加大振幅和提高被压腿的高度。先以前额、鼻尖触及脚尖，然后过渡到下颌触及脚尖。

（2）侧压腿

①动作要点。侧对肋木，右腿支撑，脚尖稍外撇；左腿举起，脚跟放在肋木上脚尖勾起，踝关节紧屈；右臂屈肘上举，左掌附于右胸前；两腿伸直，立腰，开髋；上体向左侧压振。左右交替练习。如图5-3-5所示。

②练习要求。同正压腿步骤逐步过渡到上体侧卧在被压腿上。

2. 踢腿

踢腿是武术练习中的重要内容，也是表现基本功训练水平的主要方面。腿部的柔韧性、灵敏性和控制腿部的力量，都比较集中地从踢腿上表现出来。踢腿的方法有直摆性的正踢腿和侧踢腿。

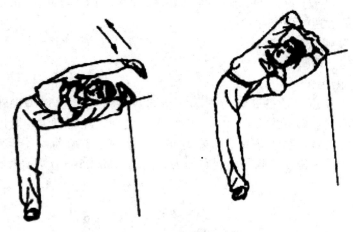

图5-3-5　侧压腿示意图

（1）正踢腿

①动作要点。两脚并立，两手成立掌；左腿向前上半步，左腿支撑，右脚勾起脚尖向前额快踢；两眼向前平视。左右交替进行。如图5-3-6所示为正踢腿示意图。

图5-3-6　正踢腿示意图

②练习要求。踢腿时，脚尖勾起绷落或勾起勾落。踢起时快在肋速收数，过酸后加速，讲究寸劲。

直摆性腿法技术要领："三直一勾"。"三直"即腿直、腰直、背直；"一勾"即脚尖勾。

（2）侧踢腿

①动作要点。预备姿势与正踢腿相同。右脚向前上步.脚尖外展稍提起，身体略向右转，左臂前伸，右臂后举；随即，左脚脚尖勾紧向左耳侧上举，同时右臂屈肘上举亮掌，左臂屈肘立掌附于右肩前或垂于胸前；眼向前平视，踢左腿为左侧踢，踢右腿为右侧踢。如图5-3-7所示为侧踢腿示意图。

图5-3-7　侧踢腿示意图

②练习要求。挺胸、立腰、开髋、侧身和快收腹。

（六）基本步型

1. 弓步

（1）动作要点

两腿前后开立一大步，前腿弓，后腿绷直，挺胸、塌腰，眼向前看如图5-3-8所示。

（2）练习要求

后腿用力蹬直，并保持一段时间。

图5-3-8 引弓示意图　　　　　图5-3-9 马步示意图

2. 马步

（1）动作要点

两脚开立宽于肩，屈膝成90°，两膝内扣双尖向前，挺胸期双手抱拳于腰两侧。如图5-3-9所示。

（2）练习要求

蹲裆式尽量低且坚持一段时间保持不动。

3. 仆步

（1）动作要点

一腿全蹲，全脚掌着地；另一腿伸直平仆，亦全脚掌着地，内扣上体尽量挺直。如图5-3-10所示。

（2）练习要求

在练习过程中，不得半蹲。

图5-3-10 仆步示意图

4. 虚步

（1）动作要点

两脚前后开立，后退屈膝半蹲全脚着地；前腿屈膝，脚尖内扣点地，如图5-3-11所示。

（2）练习要求

在练习过程中尽量保持低姿势。

5. 歇步

（1）动作要点。两腿前后交叉，双腿下蹲，上体直立。如图5-3-12所示为歇步示意图。

5-3-11 虚步示意图   图5-3-12 歇步示意图

（2）练习要求

在练习过程中，不得坐下，大腿撑劲。

二、游泳的分类及基本技术

游泳是人体在水的特定环境中以其肢体同水相互作用而达到运动的一种技能。游泳使水浴、空气浴、日光浴三者有机结合，对身体产生着深刻的影响，能有效地促进身体全面、匀称、协调的发展，是深受人们喜爱的运动项目之一。

随着社会的进步和文明的发展，人们有意识地从事游泳活动不仅是为了掌握一定的实用技能，而且还把游泳活动作为强身健体的一种手段和丰富人们精神生活的一种途径，从而使游泳技术不断地得到了改进和提高，形成了现代的各种竞技游泳技术。

游泳作为国际体育运动项目是从19世纪末开始的，从1896年第一届奥运会就有了游泳项目的比赛，到1912年在瑞典斯德哥尔摩举行的第五届奥林匹克运动会时，女子游泳也被列入比赛项目。现在，游泳已成为世界上重要的竞技项目之一。

现代游泳运动一般为竞技游泳，它包括蝶泳（海豚泳）、仰泳、爬泳（自由泳）、蛙泳和4种泳式，由这4种泳式组成的混合泳也被列为正式比赛项目。按国际游泳联合会规定，现已列入世界游泳纪录的男、女竞技游泳项目共34项，奥运会游泳比赛只设31项（无男子800m、女子1500m、女子4×200m自由泳接力三项）。游泳比赛项目如表5-3-1所示。

表5-3-1 游泳比赛项目表

游游性别距离	比赛距离/m		备注
	男子	女子	
自由泳	50、100、200、400、800、1500	50、100、200、400、800、1500	奥运会不设男800、女1500米
蛙泳	100、200	100、200	年龄组设50米比赛
仰泳	100、200	100、200	年龄组设50米比赛
蝶泳	100、200	100、200	年龄组设50米比赛
各人泳接力	200、400	200、400	奥运会不设4×200
自由泳接力	4×100、4×200	4×100、4×200	
混合泳接力	4×100	4×100	仰、蛙、蝶、自

（一）蝶泳（海豚泳）

蝶泳是由蛙泳演变而来的。比赛中人们多采用两臂划水到大腿后提出水面，再从空中前移入水的技术，外形很像蝴蝶，所以称为"蝶泳"。在蝶泳游进时，躯干和腿模仿了海豚的波浪动作，所以蝶泳又称"海豚泳"，如图5-3-13所示。

现代蝶泳的技术特点是以两臂加速划水，身体姿势高平，采用小波浪、快频率、平移臂和慢呼吸来配合技术。

1. 蝶泳动作结构和技术要领

蝶泳技术分为躯干和腿部动作、臂部动作、臂腿和呼吸的配合。正确的蝶泳技术是以腰为轴，躯干和腿做有节奏的摆动，发力点在腰部，以大

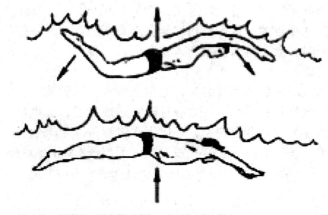

图5-3-13　蝶泳示意图

腿带动小腿，做上下的鞭水动作。这些动作与头部和臂部动作紧密联系在一起，形成海豚所特有的波浪动作。

（1）躯干和腿部动作

由于身体各部分不断地改变彼此间的相对位置，所以腰、臂、腿和脚都积极参与波浪状打水动作，以推进身体前进。

打水动作从挺胸压肩开始，以腰腹发力，臀部带动大腿，大腿带动小腿和脚依次有节奏地屈伸，形成上下鞭水的动作。即挺胸造成臀向下，小腿和脚向上，膝关节屈成约110°~130°角。接着收腹提臀，带动大小腿和脚向下鞭状打水。打水时两脚并拢内旋。

（2）臂部动作

划臂动作是蝶泳推进身体前进的主要动力。其动作与爬泳相似，但两臂是同时划水。臂部动作由入水、抱水、划水、出水和空中移臂组成。

2. **蝶泳的练习方法**

（1）陆地模仿练习

①两脚前后开立，上体前倾，模仿蝶泳两臂转肩移的划水动作。

②原地站立，两臂上举伸直，腰腹前后摆动，模仿蝶泳波浪动作。

（2）水中练习

①蹬池壁潜入水中，体会蝶泳的波浪动作。

②蹬池壁滑行后做蝶泳打水练习

③由同伴抱住两腿做划臂练习。

④两脚蹬池底，两臂向后划水使身体向上跃起吸气，低头入水闭气，两臂经空中向前移臂，两臂在肩前同时入水呼气。

（二）仰泳

仰泳，顾名思义，即成仰卧姿势的游泳。仰泳包括反蛙泳和爬式仰泳。由于爬式仰泳动作结构近似于反爬泳，而游起来速度较快，多为运动员所采用。我们这里主要介绍爬式仰泳。

1. 仰泳动作结构与技术要领

仰泳技术分为身体姿势腿部动作、臂部动作和臂腿呼吸配合。动作结构近似于反爬泳，两腿轮换上下踢水，两臂亦协调地交替划水。但因受人体结构的限制，在技术上与爬泳要求不尽一致。

（1）身体姿势

身体平直地仰卧于水中，稍低头收下额，使头和肩略高于手臂，身体纵轴与水平面构成一个不大的迎角，腰部肌肉要保持适度的紧张，下肋上提，不要含胸，整个身体处于较高的位置，如图5-3-14所示。

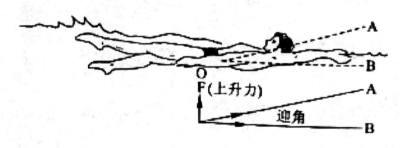

图5-3-14

（2）腿部动作

仰泳的腿部动作分为向上踢水和向下压水，膝关节的弯曲程度为135°，打水幅度约为45cm（比爬泳大）。腿部动作是保证身体水平姿势和控制身体过分摆动的主要因素，正确的腿部动作能产生一定的推进力。

①向上踢水。髋关节发力，先向上抬大腿至水面平行，小腿由于受水的惯性力而下沉，膝关节弯曲成135°角如图5-3-15④~⑤所示，然后大腿带动小腿向后上方踢水。踢水时脚背稍向内旋能加大踢水的对水面。踝关节放松，是踢水产生前进力的关键。

②向下压水。踢水结束后，腿处于伸直状态，这时大腿带动小腿自然下沉，完成下压水的动作，如图5-3-15⑥~⑧所示。

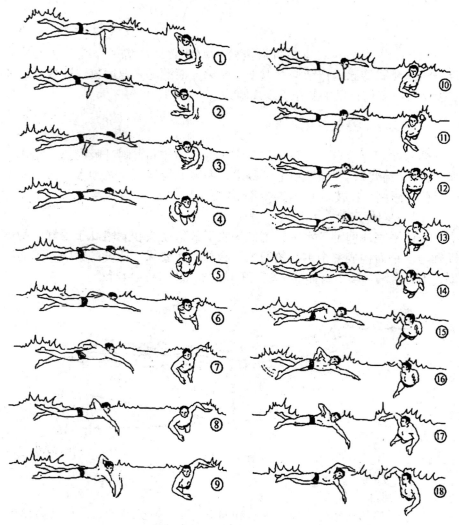

图5-3-15 仰泳动作示意图

（3）臂部动作

两臂的划水是推进身体前进的重要因素。臂部动作可分为入水、抱水、划水、出水和空中移臂。当前仰泳都采用两臂在体侧交替屈臂划水技术。其优点是增加了有效划水路线，使推进力的方向为向前方，划水成效好。

2. 仰泳练习方法

（1）陆上模仿练习

①单腿支撑站立，另一腿向后伸并以大拇指略点地。以大腿带动小

腿，使脚大趾沿地面向前屈腿踢出。然后大腿带动小腿直腿后压，模仿鞭状踢水动作。

②坐在池边或高台上，做仰泳腿打水的模仿练习，着重体会直腿下压和屈腿上踢动作。

③原地站立，做仰泳臂划水模仿练习。

（2）水中练习

①在同伴的帮助下做仰卧漂浮练习。

②两手反握池槽做仰泳打水练习，要求向后踢出水花。踢水时，膝、脚不露出水面，下压时腿伸直。

③由同伴抱住两腿，或大腿夹住浮板做仰泳臂划水练习。

（三）爬泳（自由泳）

自由泳是不限姿势的一个比赛项目。近代游泳比赛自爬泳这种姿势一出现就垄断了自由泳比赛，久之，常把爬泳称为自由泳。

1. 爬泳动作结构与技术要领

（1）身体姿势

俯卧成水平姿势，身体纵轴与水平面成3°~5°角，如图5-3-16所示。游进时，因臂划水和转头吸气，身体有自然的转动（35°~45°角）。

图5-3-16　爬泳示意图

（2）腿部动作

打水的主要作用是维持身体平衡，使下肢不至于下沉同时产生推进力。

打水时，两腿自然伸直，踝关节放松，脚尖伸直并稍向内扣。两腿交替有节奏地上下打水，要由髋关节发力，以大腿带动小腿，膝关节适度紧张。两脚尖上下的垂直距离约为30~40cm，如图5-3-17所示。

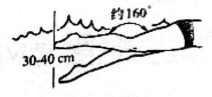

图5-3-17　脉部动作示意图

大腿用力下压时，由于小腿和脚受到水的惯性作用造成膝关节弯曲成160°。在打水过程中，两腿应做到协调而有节奏地鞭打，向上时放松，向下时用力。学会踝关节放松是打水技术的关键，而正确的打水动作是掌握爬泳技术的前提条件。

（3）臂部动作

两臂轮换划水是推进身体游进的主要动力。臂部动作的每一个周期分为入水、抱水、划水、出水和空中移臂。

2. 爬泳练习方法

爬泳教学一般采用分解教学法。按腿部动作、臂部动作和呼吸，再到配合动作的顺序进行。打水是学爬泳的基础，因此，打水是教学的重点内容。

（1）陆上模仿练习

①坐在池边或地上，两手后撑，两腿伸直并稍内旋，上下打动。

②俯卧于出发台或池边做腿部打水的模仿练习

③在岸上站立，上体前倾，做划臂呼吸配合练习

（2）水中练习

①俯卧于水中，一手抓拉池槽，另一手掌则向下推池壁，两腿做打水练习。

②扶打水板，两腿做打水练习。

③两膝夹打水板，做划臂呼吸配合练习。

（四）蛙泳

蛙泳是模仿青蛙游泳的一种姿势，是最古老的一种游泳项目。蛙泳时，呼吸方便省力、持久、声响小、易观察且能负重，实用性较强。

1. 蛙泳动作结构与技术要领

（1）身体姿势

当手臂和腿完成有效的动作后，身体几乎是水平地俯卧在水面上，如图5-3-18所示，呈流线型，身体纵轴与前进方向约成5°~10°角，眼看前下方，游进中身体有一定幅度的起伏。

图5-3-18

（2）腿部动作

腿部动作是蛙泳推进力的主要来源之一，可分为收腿、翻脚和蹬夹腿三部分，这三个腿部连续动作均要求对称。

①收腿。收腿时，是由大腿带动小腿、边收边分。两膝分开与肩同宽，两脚和小腿在大腿投影截面内。两脚后跟尽量靠近臀部，如图5-3-19所示。

图5-3-19　收腿示意图

此时大腿与躯干约成110~140°角。收大腿时动作要柔和，不要用力过猛，要大腿带动小腿。

②翻脚。翻脚是腿部动作的关键。收腿结束，脚仍向臀部靠近，小腿外转并勾脚尖，脚尖向外，使小腿和脚的内侧最大面积地对水。

③蹬夹腿。完成翻脚动作后，以大腿发力向后蹬出，着力于蹬伸髋，然后伸膝，踝关节内收，下压，犹如鞭打动作。整个动作在边蹬边夹过程中完成，动作要快而有力。

蹬夹腿结束后，应使两腿保持在较高位置，身体呈流线型，进行适度的滑行后，再做下一个循环动作。

（3）臂部动作

随着现代技术的发展，蛙泳臂划水的推进力越来越受到人们的重视，许多优秀运动员都采用先进的划水动作，以加快游泳的速度。

臂部动作一般分为划水、收手、伸臂这三个连贯的部分。

（4）配合技术

一般表示一个动作周期呼吸一次的配合，具体过程如图5-3-20所示。

从滑行开始，两臂划水时，口露出水面做及时有力的先呼后吸，紧接着收手，臂前伸（同时快速蹬腿），低头闭气，当两臂开始滑下时逐渐呼气，即抬头滑行吸气，夹肘手前移闭气—呼气，臂向前伸直—蹬腿，腿臂伸直滑行，然后开始下个循环动作。

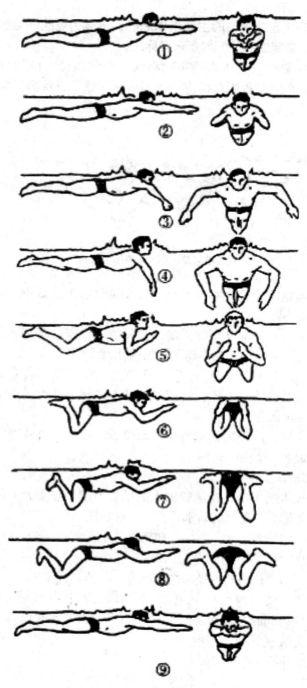

图5-3-20　动作周期呼吸示意图

2. 蛙泳练习方法

蛙泳教学顺序是先腿后臂，再腿臂配合。教学开始就要抓住呼吸练习，学习和掌握游泳呼吸的规律。

（1）陆上模仿练习

①站立，做单腿的腿部动作。

②坐在池边做收、翻、蹬夹、停的动作，如图5-3-21所示。

图5-3-21　模仿动作示意图

③俯卧凳上或练习台上做收、翻、蹬夹、停的动作（图5-3-22）

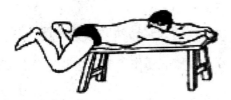

图5-3-22　模仿动作示意图

④站立，上体前倾，做臂部划、收、伸的动作。

⑤站立，臂上举，用单脚做蛙泳完整动作配合练习，其口诀是：划水腿不动收手又收腿，先伸胳膊后蹬腿，手腿伸直漂一会，如图5-3-23所示。

（2）水中练习

①面对池壁，两手侧平抓池槽做腿部动作。

②一手抓池槽，一手反撑池壁成俯卧姿势，由同伴帮助做腿部动作，如图5-3-24所示。

图5-3-23　蛙泳动作示意图

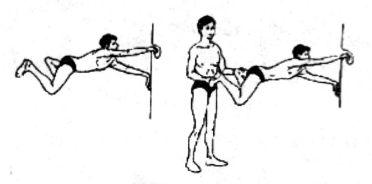

图5-3-24　水中动作示意图

③蹬池壁滑行后，做腿部动作，要求边收边分，翻脚要及时，蹬夹也要有力、连贯。

④站在齐胸深的水中，上体前倾，两臂前伸，边走边做划臂和呼吸的配合，如图5-3-25所示。

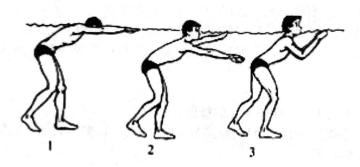

图5-3-25　划臂动作示意图

⑤蹬池壁滑行后闭气做臂、腿的分解配合，即划一次臂后蹬一次腿。

⑥蹬池壁滑行后，做两次臂腿配合一次呼吸的练习。

第四节　乒乓球与网球教学内容及建议

一、乒乓球运动打法和主要技术

19世纪末，乒乓球起源于英国。它是从网球运动派生而来的。20世纪初英国人发明了胶皮拍，以削球打法为主。1926年1月，国际乒乓球联合会成立于德国柏林。

乒乓球运动在20世纪初传入中国。1952年中国加入了国际乒联。在第25届世乒赛中，中国运动员容国团勇夺男子单打世界冠军。第26、27届世乒赛中国队均获得3项冠军；第28届世乒赛中国队获得男、女团体冠军，男女双打和男单冠军。在众多比赛中，我国独创了"快、准、狠、变"风格的直拍近台快打法和"稳、低、转、攻"风格的削球打法。

1988年，乒乓球被列入奥运会正式比赛项目。这大大推动了世界乒乓球运动的向前发展。我国面对其他国家的挑战，在原有风格的基础上，形成了中国快攻结合弧圈球的独有风格，在第36届世乒赛上，夺得了7项冠军。目前，世界乒乓球技术正朝着"技术全面、特长特殊、变化多端、积极主动"这样一个总趋势发展。世界优秀选手在技术全面的基础上，把速度和旋转结合起来，向着更快、更新、更强的方向发展。

世界乒乓球技术从1926年发展至今，共有发球、接发球、攻球、推挡孤圈削球、握球等8类84项。根据弧线、速度、旋转、力量、落点制胜方案和各项技术的组合，目前可划分为5大类型12种打法。

（一）横拍握法

横拍握法步骤分为四步。同时，横拍握法包括正手横拍握法、反手横拍握法、正手发球时的握法、深握法和浅握法。

横拍握法第一步用拇指和食指表示挟住球拍的两面，如图5-4-1所示。

第二步用小拇指握住拍柄，如图5-4-2所示。

第三步用拇指和食指轻握球柄，如图5-4-3所示。

第四步虎口正对着球拍拍肩的正中间。即标准型握法。这种握法能兼顾正反手技术的运用。如图5-4-4所示，图5-4-5为标准握法正、背、侧面图。

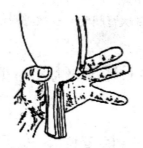

图5-4-1　第一步示意图

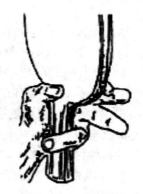

图5-4-2　第二步示意图

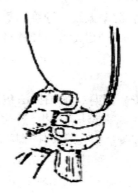

图5-4-3　第三步示意图

标准握法

图5-4-4　第四步示意图

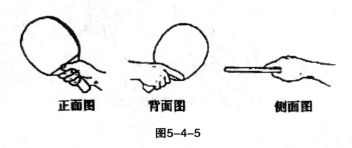

正面图　　　　背面图　　　　侧面图

图5-4-5

1. 正手横拍握法

虎口偏向球拍反手面一侧。这种握法有利于正手进攻能力的发挥，不利于反手拨球、拉球技术的运用：正手横拍握法如图5-4-6所示。

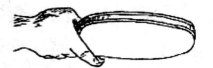

图5-4-6　正手横拍握法示意图

2. 反手横拍握法

虎口偏向于正手面。这种握法有利于反手技术的运用，而不利于正手技术的运用。反手横拍握法如图5-4-7所示。

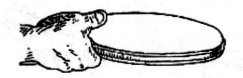

图5-4-7　反手横拍握法示意图

3. 正手发球时的握法

握拍手的拇指和食指握住球拍的两侧，其余3个手指自然弯曲收放在掌窝处。这种握法利于横拍正手发球时手腕的充分运用。如图5-4-8所示。

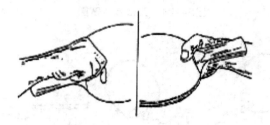

图5-4-8 正手发球时握法示意图

4. 深握法

虎口和中指紧贴球拍拍肩。如图5-4-9所示。

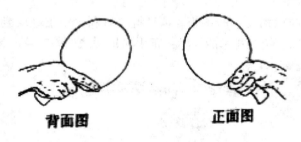

图5-4-9 深握法示意图

5. 浅握法

表示虎口和中指稍离开球拍拍肩处。如图5-4-10所示。

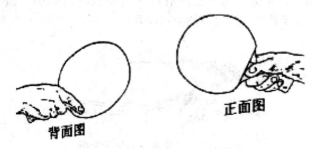

图5-4-10 浅握法示意图

深握法与浅握法优缺点比较，如表5-4-1所示。

表5-4-1　深握法与浅握法比较表

	深握法	浅握法
优点	容易控制拍面的角度，球拍的稳定性较好。便于主动发力。	手腕比较灵活，便于制造旋转。利于台内技术的运用。
缺点	手腕比较紧张，球拍的灵活性差，握拍手肌肉容易紧张。台内小技术运用比较困难。	球拍的稳定性稍差。手腕动作不易固定。

（二）直拍握法

标准握法用拇指和食指握住球拍拍柄与拍面的结合部位。拍柄右侧点在食指的第三关节内侧，食指的第二关节轻压在球拍的右肩，第一关节稍弯曲：每指的第一关节压住球拍的左肩，其他二指自然弯曲并重叠，以中指的第一关节顶于球拍背后，形成一个便于用力的支点。直拍握法如图5-4-11所示

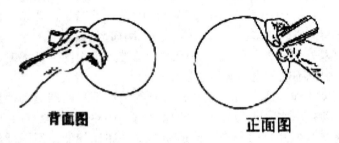

背面图　　　　　　正面图

图5-4-11　直拍握法示意图

二、网球基本技术

早在11世纪，法国人发明了一种用手掌击球的游戏。开始是对墙击球，后来两人对击，有时在两人中间挂一条绳。这种掌球游戏便是古式室内网球的雏形。当时的球是用布缝制的，里面塞满头发。这种球弹性很小，不适合球拍击打。后来，欧洲人掌握了橡胶技术，当时人们公认

的是埃及坦尼斯镇所产的"球皮"布最佳，所以网球被称为"坦尼斯"（Tennis），且一直沿用至今。

1358~1360年，古式网球从法国传入英国，英国爱德华三世下令在宫中修建一片室内球场。1873年，英国少校温菲尔德设计了一种户外的、男女都可以从事的网球运动，当时叫作"司法泰克"（Sphairistike）运动。1873年12月，温菲尔德首次在威尔士的草地上表演了这项运动。这项运动的球场中间窄（6.40m）两端宽（9.10m），两条边线各长18.28m，网中央的高度为1.42m，网柱高度为1.52m。计分采用羽毛球的15分为一局。人们认为，这就是近代网球的起源。

1878年以后，草地网球已由英国的移民、商人或驻军等传至全球，如加拿大（1878年）、斯里兰卡（1878年）。1881年，世界上第一个全国性网球协会——美国全国草地网球协会成立（"全国"两字于1920年取消）。1913年3月1日，在法国巴黎成立了国际网球联合会，它的成立进一步促进了网球运动在全球范围内的发展。

进入20世纪90年代后，网球的发展有这样几个特点：一是普及。据有关资料透露，1990年初，在国际网联注册的就有156个协会，在世界范围内，网球被誉为仅次于足球的世界第二大运动；二是技术。网球技术的飞速发展，使得网球的观赏性愈来愈强，赢得越来越多的爱好者和观众，同时也更被电视转播者所青睐；三是体育明星层出不穷。越来越多的网球选手成为引人注目的明星，进而推动了网球的普及；四是比赛多。网球由于受欢迎程度高，所以许多国家都举办了国际网球赛事。

19世纪末外国商人、传教士把网球运动带入了中国，从那时起，在我国部分城市中就不同程度地开展了这项运动。

中华人民共和国成立后，在党和政府的关怀下，网球运动得到了空前的发展，运动技术水平也得到了不断地提高。1953年10月23日，中国网球协会正式成立。虽然目前我国网球运动的水平还比较低，但网球运动已被我国广大人民群众所接受，愈来愈多的人开始参与网球运动。群众性网球活动的开展，为我国网球运动的发展和运动技术水平的提高打下了坚实的基础。

（一）握拍法

学习握拍是学打网球的第一步，也是十分重要的一步。正确的握拍方法有利于击球准确，击出的球有力、旋转。所以，选择合适的握拍方式对初学者来说是十分必要的。下面介绍三种握拍方法。

1. 东方式握拍法（以右手为例）

正手握拍：左手先握住球拍颈部，使球拍面与地面垂直，右手如同与拍柄握手一样，使虎口对正拍柄右上侧棱，拇指环绕球拍柄至与中指接触，食指应向上一些与中指分开，无名指和小指俯于拍柄上面，如图5-4-12所示。

图5-4-12　正手握拍示意图

反手握拍：在正手的基础上，左手向顺时针方向转动球拍，使右手虎口对准拍柄左侧棱，如图5-4-13所示。

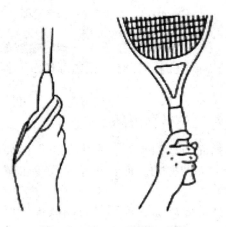

图5-4-13　反手握拍示意图

东方式握拍法的优点，在于击球时用力方便，运用灵活，能打出强有力的正手击球，如用反手击球，需要进行换握，这对初学者来说有一定难度，但经过一段时间的练习后，就能运用自如。

2. 大陆式握拍法（以右手为例）

大陆式握拍法介于东方式握拍法的正手握法与反手握法之间。由拇指与食指形成"V"形，虎口放在后把手的上半面与左上斜面的交界线上，手掌根部贴在平面，与拍平面对齐，食指与其余三个手指稍分开，食指下关节紧贴在右上斜面上。正、反手击球时，球拍不用转动和换握，如图5-4-14所示。

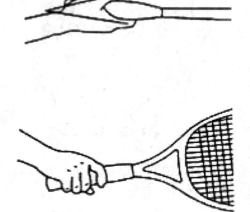

图5-4-14 大陆式握拍法示意图

大陆式握拍法的优点是取消了正反手击球时换握的动作，适用臂力、腕力较强的人，对于底线击球、发球、截击球以及高压球都适用，特别是处理网前球很方便。

3. 西方式握拍法（以右手为例）

左手持拍，使拍面与地面平行，右手从正上面如同与拍柄握手，食指和拇指都不前伸，大把握拍，而且正手、反手击球都使用网球拍同一个面。

正手能打出强劲的上旋球，反手易打斜线球，但对截击球和低飞来球，特别是反手近网球，都极不方便。软式网球常采用此种握法。

（二）正手击球

在众多击球方法中，正面击球是非常基础的方法之一，同样是刚接触网球的运动员首先要掌握的基本方法。那么，对于一个初学者来讲，怎样才能较快地掌握此种击球方法呢？下面我们从几个方面来介绍（以右手为例）。

1. 准备姿势

面朝球网，双脚与肩保持同宽并自然张开，微微屈膝，将身体重心转移到前脚掌上，上体略前倾，两手持拍置于腹前，左手扶住拍颈，拍头与手腕平高或略高于手腕，右手采用一种正手握拍方法。两眼密切注视对方，注意观察对方的引拍及站位，观看对方的表情，判断对方的击球意图，预测来球的方向及力量。

2. 击球动作

遇到正面来球的情况，运动员需要迅速向后拉开球拍，转动双肩，重心后移，左脚前踏，左肩对网，左脚与底线成45°角，右脚与底线平行。左臂屈肘前伸，协助转体并保持身体平衡。

在右手引拍与双肩位置通线的时候，拍面要尽可能做到全部开放，拍头稍稍高于手腕，使拍头指向身体后面的围墙，肘关节保持90°~120°。击球时应以肩关节为轴，手腕不动，用大臂挥动带动小臂、手腕及球拍，球拍面在整个击打过程中应保持与地面垂直或者略开一点，球拍从后引开始到向前挥击应是一个完整动作，如图5-4-15所示。要尽量使拍和球有较长时间的接触，以控制球飞进的方向。当球拍击球的瞬间应该是球拍的中点击在球体水平轴的后部。球拍与球撞击后，整个击球动作并没有结束，而应该是继续向前挥，姿势要结束在左肩的后上方，右手臂自然地挥及下颏处。

3. 击球点和高度

在训练过程中，人为地将球拍和球的接触点定义为击球点，根据统计，击球点常处在左脚右侧前90~120cm位置，在这一点位也能够保证运动员以最快的速度击中网球，所以在此点击球力量最大。在击球点，球与身体的高度应该是身高的1/2处再加10cm，即腰的高度，此时的高度大约与球网的中心高度差不多，只要拍面垂直击打球体，就能借助球网。另外，此高度也是人体最容易发力的高度，腰的转动增加了力量，击球的力量也就最大。

图5-4-15　击球动作示意图

（三）反手击球（以右手为例）

1. 正、反拍的动作

结构和难度都是同样的。但是当你选用东方式握拍法时，此时应换握到反手击球的握法。大陆式握法不用换握。反手击球的准备姿势与正手击球时一样。

2. 击球动作

当判断对方打来的是反拍时，要立即左转体、转肩，将拍保持柄换位于胸前，左膝稍稍下屈，进而将身体重心移向左膝。右膝的弯曲程度从击球前踏开始就大于左膝，前挥时仍保持弯曲，直到挥拍结束时才伸直。球拍面的开角大约为60°~75°，手腕关闭，锁住肘关节，用转体和转肩的力量使身体重心前移，再加之前挥时小臂外展所产生的力同时作用在击球点上，形成反手击球的爆发力。反手击球时掌关节正对球飞来方向。击球时，右臂呈外展动作，网拍和手臂都要充分伸展。

就击球点位而言，反手击球和正手击球都没太大差别，同样是要在右脚伸出之前击球，该点最易发挥人体的力量，且击球有力。另外，要保证击球高度，做到稍稍低于正手击球时的高度。

（四）发球

发球是重要技术之一，是鉴别评价技术水平的最重要标志之一，也是取得竞赛胜利的主要得分手段。

1. 准备姿势

发球时站在底线后3~5cm处，两脚自然开立，约同肩宽身体重心放在两脚中间，用东方式握拍方法，左手持球扶住拍头颈部，承担网拍的重量，右手轻轻地扶握拍柄，全身充分放松，两肩下沉，站在靠近中点处，左脚与底线成45°角，左脚与底线平行，左肩侧对球网，如图5-4-16所示。

图5-4-16　准备姿势示意图

2. 击球动作

当我们做好准备后，右手握拍，左手持球，两手扶拍于体前，左以拇指、食指和中指轻轻握球于大、小鱼际上面，同时扶球网拍的颈部，负担网拍的重量，右手用东方式反拍握法握住拍柄。此外，双手要协同配合，左手离开球拍经体前下落，伸直上臂再向前上徐徐将球抛出，将球摆放在预定位置上，右臂自然下落经体侧后引拍头经右脚上面摆向身体后边，然后继续向上摆动，当拍与肩同高时转肩，使拍头垂于背后呈现搔背状态，同时向右转体45°~50°，身体重心由前脚移至后脚，左膝向前弓出，右膝亦弓，下颏抬起，此刻身体形成最大限度的背弓，借势迅速蹬地转体、转肩，身体重心移至前脚，肘部抬起，带动手臂上举球拍，大小臂协调配合，以小臂的旋内动作和强力的扣腕将球击打出去。当网拍击中球之后，两眼仍要注视球飞进的方向，继续以随挥的力量将球拍经体前从左膝侧面挥向身后，上体前倾右肩明显低于左肩，右脚上步维持身体平衡，向前跨步。

第五节　体育游戏与教学

一、体育游戏的产生与发展

（一）游戏的概念及分类

很久以前，游戏就被当作是人类的运动方式。现代游戏学研究表明，游戏的范围非常广泛。从广义上说，以趣味性和娱乐性为特征的人类活动都可以称为游戏。游戏从功能上可以分为两大类。

第一类是以促进人类智力发展为主的游戏，即借助游戏活动促进大脑发育为学习和运用知识服务，如填字游戏、对联游戏等。

第二类是以促进人类身体运动能力提高为主的游戏。这类游戏也称体力游戏，其内容广泛，形式多样。这类游戏的主要表现形式为体育游戏。

（二）体育游戏的产生

在游戏漫长的发展历史中，因为人类的需要，所以慢慢产生了体育游戏，其经历了一个非常复杂的变化过程。在不同历史阶段人类的需要也在不断发展和变化，从而就出现了不同的体育游戏学说，归纳起来主要有以下几种学说。

1. 宫廷娱乐学说

宫廷娱乐学说指为了满足统治者娱乐需求创造出的游戏。此类游戏多为物质条件要求高的游戏。比如马球游戏、捶丸等。

2. 军事武术演化说

军事武术演化说指将军事训练与武术训练的形式转化为游戏。比如斗鸡游戏、角力游戏、过障碍游戏等。

3. 模仿动物说

该学说认为体育游戏产生于人对动物动作的模仿。比如各种动物的走法游戏、中国古代的五禽戏等。

4. 竞技辅助说

竞技辅助说为了调节训练气氛、增强训练成效创造的体育游戏，比如双杠追逐游戏、跳人马游戏、斗牛游戏等。

5. 心理满足说

心理满足说是解释现代游戏产生的主要学说之一。该学说认为人类为了满足心理需求创造了大量体育游戏。比如轮滑、滑板游戏，登蹿游戏，蹦极系列游戏等。

6. 生产实践说

生产实践说认为体育游戏产生于生产实践过程，人们将生产技能加工成游戏方式。比如投石游戏、套圈游戏、投铁锤、水上踩圆木等。

（三）游戏的发展

英国工业大革命是游戏发展的一个节点，经历了英国工业革命之后，人类的生产力水平大大提高，用很多机械化的方式代替了人工生产，从而解放出很多的劳动力，多余的劳动力就推动了休闲娱乐游戏的发展。所以从这个时间节点开始，游戏就进入了一个发展的繁盛期，大量的游戏开始转变为体育运动竞技项目。据有关统计资料表明，现代竞技运动的前身都可以追溯到前期的体育游戏，如我们所熟知的足球、篮球、排球、体操等项目均起源于游戏。现代乒乓球起源于英国酒吧，是从两位英国青年掷酒瓶塞发展而来的；目前意大利乡村还保留有保龄球的原始游戏方式；中国古代捶丸与现代高尔夫球渊源极深；巴西海滩上的双人排球已被列入奥运会；苏格兰高地的掷铁锤就是现代链球运动的鼻祖；当年美国人从冰上舞蹈找到灵感，创造了风靡全球的滑轮运动，缔造了现代极限运动。体育游戏在竞技体育发展的过程中发挥了极其重要的作用。

从世界人文经济的发展历程中，我们就可以看到体育游戏发展的缩影。历史资料表明，当国家和地区政治稳定、生活水平提高时，体育游戏发展极快。而当遭遇灾害战争、政治变革时，人们就无暇顾及体育游戏。绝大多数体育游戏都没有留下历史记载，其中一部分被自然淘汰，还有一部分被遗失掉了。

强烈的区域和民族特色充分体现在体育游戏之中。许多体育游戏与当地气候、地理等自然条件和民族性格、宗教信仰、文化传统等人文条件密切相关。我国经过数十年的努力，挖据出了一大批具有浓郁民族特色的传统游戏。根据资料显示，中国回族就在挖掘中发现了近千项的传统游戏，这其中就包括西南地区的各种山寨游戏以及西北地区别具地方特色的游牧游戏。

二、体育游戏的教学

（一）体育游戏教学准备

①根据教学目的、主客观条件创编适用性的游戏。
②教学文件准备，包括教案、参考书籍等。
③场地器材准备。
④变通方式、意外情况处理的措施。
⑤分组、分队准备。

（二）体育游戏教学方式

①讲解示范法。
②学练法。
③竞赛法。
④引导式教学法。
⑤演示法。
⑥情境教学法。
⑦CAI教学法。
⑧微格教学法。

当然，上面的方法仅仅只是一部分的教学方法，体育教学的方法多种多样，还有启发教学法、探索研究法、心理暗示法、小集体教学法、讨论法、运用协同法、发现法、逻辑分析法等。

（三）体育游戏在教学各阶段的运用

①准备部分。这一部分的游戏不适合选择大运动量、对抗性的运动，而应该选择简单易上手的小游戏。

②基本部分。在考虑教学目标、学生身心情况、硬件设备等因素的基

础上，优先选择易上手的小竞赛游戏。类似于准备部分，一些轻松简单的小游戏也可以在基本练习的间隙所使用。

③结束部分。以趣味性强、运动强度小的小型游戏为主。

（四）体育游戏的竞赛组织

（1）选择好游戏

以趣味性强、有一定难度的集体性对抗性项目为主。

（2）制订比赛方案

比赛方案的内容包括：时间地点、报名的方法、游戏的规则和奖励以及参赛人员的情况和人数等。

（3）准备工作

各参赛队人员名单、分组、场地、器材准备，裁判员培训等。

（4）竞赛组织

将所有参赛的人员以公平的手段进行分组，然后按照分组的情况进行比赛，最后根据比赛的胜负情况进行颁奖。

三、体育游戏的功能与作用

游戏本身的趣味性、娱乐性、可变通性和竞技性是人们喜欢体育游戏的原因之一。当代的体育教学过程中，游戏出于多种考虑被广泛运用。而就其功能性而言，体育游戏有以下几项主要功能。

（一）健身功能

研究表明，当人们以轻松、愉快的心情进行体育运动时，其主动性和自觉性增强，运动成效明显改善。锻炼时，游戏方式克服了竞技运动的单调和枯燥，淡化了身体疲劳对运动者大脑神经的不良刺激，能够达到高效率完成运动任务的目的。比如类似于黄河长江这样的快速反应游戏，学生可以在高强度和高运动量的情况下完成任务。

（二）娱乐功能

现代社会中，人们工作和生活的节奏不断加快，社会竞争压力加大。人们需要以多种形式来释放被压抑的心情，放松身心，由此就产生了大量娱乐活动。相对于很多传统的娱乐方式，体育游戏无疑更轻松，更活泼，更能让身体劳累和疲惫的人们得到放松，比如羽毛球和乒乓球，在我国就是两项非常受欢迎的小区体育活动，老少皆宜。

（三）教育功能

快乐体育的教育思想打破了传统的师生关系。教与学的过程在客体一致的情况下有机地结合在一起。体育游戏不仅是快乐体育的主要构件，更重要的在于教师借助将客体改造成游戏，融洽了师生关系，使教学双方能够在愉快的气氛中完成教学目标。而学生也摆脱了被动接受者的角色，学的过程演变为愉悦身心、创造劳动的过程。

（四）促进个性化发展功能

人的成长包含生理和心理两个方面，并且每个人都追求个性。体育游戏的限制性较低，有利于运动者充分发挥个人的创造力和想象力，完成各种身体姿态变化，在运动中体验个人实现带来的快乐，培养鲜明的个性特征。体育游戏为青少年儿童乃至成年人都提供了一个非常宽松舒适的环境，而这也促进了他们的自我发展。

（五）促进个体社会化功能

一个自然人变成社会人的过程是复杂的，包含在生产实践中的学习，也包含参与完成各项社会活动。当代社会生产力的高度发展产生了许多社会问题，如人际关系逐渐淡漠，个人追求不断膨胀，对个体社会化造成极大冲击。体育游戏以其鲜明的趣味性和娱乐性，在运动过程中拉近人与人的关系，使运动者逐渐成为朋友。体育运动还为人们提供了一个更广阔的联系方式，通过各种各样的体育竞赛，我们可以认识到来自世界各地的朋友。

四、体育游戏实例

本节的内容以教学性质的内容为主，通过对游戏的一些特点进行介绍来讲解各种体育游戏的玩法，并介绍这些体育游戏的适用范围。教师可以介绍游戏内容进行教学，也可根据教学各部分的内容特点，选用和创编新型体育游戏。

（一）传递情报

学生分两组慢跑，教师分别向最后一人说一句话，学生以耳语形式向前传，看哪一队先传完且准确无误。

要求：单对单耳语，只能说一遍。

该游戏的趣味性较强，适合集中注意力的练习。

（二）报号集合

学生沿15m直径的圆逆时针跑动，或做踢压腿等准备活动动作。教师大声喊数字后学生迅速集合，教师喊"停"后数各组人数，多或少的组均为负，如图5-5-1所示。该游戏进行简便，运动量易于掌握，适用于教学活动的开始部分。

图5-5-1　报号集合游戏示意图

（三）抓青蛙

学生沿15m直径圆跑动，1、2报数后听口令，教师喊单数时，报"1"的抓报"2"的，"2"号学生迅速向圈内跳。如果学生在跳进圈子之前被教师抓到，则做俯卧撑作为惩罚。（单脚落地视为进圈）

该游戏可用于练习学生反应和灵敏性。

（四）花样传球

学生成两路纵队，相隔0.5m，排头手持一球，开始后按头上、胯下、左侧、右侧顺序传向队尾，队尾持球后，跑至排头继续进行，以最先完成者为胜。该游戏示意图如图5-5-2所示。

该游戏可用于篮球运动的准备活动。

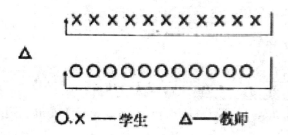

图5-5-2 花样传球示意图

（五）双龙绕柱

学生依照两列横队的方式相互手拉手，在队列的前方放一个足球。教师喊开始之后，第一列的同学运球让球从腋下穿过去，后面学生跟上，排头钻完后，将球传给排尾，从排尾再钻一次，以先完成者为胜。

要求：①游戏进行中各排不得断开，如果断开，需接上后再进行。

②游戏者必须依次从前面的腋下钻过，不得空人，如犯规，从排头开始回原位重新进行。

（六）锤剪布

队形同前，学生做小步跑高抬腿等动作，教师喊开始后，学生迅速跳起来，落地后成锤剪布的动作比胜负。

要求：①听口令后必须快速起跳，不能延误。

②空中可变动作，落地后不能变。

③动作不标准为负。

动作要求：锤——两脚并齐；

剪——两腿前后开立；

布——两腿平行开立；

该游戏是下肢练习的较好形式。

五、体育游戏的创编

相比于传统的运动竞技，现代体育游戏的灵活性和适用范围都更高，从而为运动者提供了更大的创造空间。掌握科学的创编方法，可以帮助运动者随时随地运用游戏，达到健身、娱乐和教学等目的。

（一）创编原则

①目的性原则。对于体育教学而言，这个目的就是更好地完成教学任务，依据课前所定任务创编有针对性的游戏。

②趣味性原则。该原则是创编的核心，也是主要难点。要做到将游戏与训练区别开来，要注意创编情节是否适用于运动对象。

③新颖性原则。体育游戏内容要与当今时代的发展相适应，创编时要多吸收新信息、新观念，多采用新手段，不能脱离社会主流文化。

④教育性原则。体育游戏的内容必须是健康向上的，不但要使受教育者的身体得到锻炼，更要使他们在思想上不断提高认知。

⑤安全性原则。学生练习游戏，积极性很高，也容易产生不理智举动或冒险行为。创编时应充分考虑这些隐患，在规则上进行限制。

（二）体育游戏的创编程序

当今社会各种各样的灵感促使着体育游戏不断发展。但教学所使用的游戏依然离不开规范性的科学方法和积累。创编一个好的游戏应该按以下程序进行。

①收集资料。可以借助文献资料、图像资料、观察等途径从生活、劳动和各类运动中收集整理可用素材，并分门别类记录。

②分析适用者的身心特征以及教学、训练或娱乐想达到的主要目的。

③从各种活动方式中选择与主客观条件相适应的最优方法。

④确定游戏将采用的主要运动动作。

⑤进行实验，最好请使用者直接进行，检验成效，发现问题及时进行修正。

⑥游戏的情节也是一个非常重要的因素，合理的游戏情节可以大大提高游戏对于参与游戏者的吸引力。

⑦制订规则、准备场地器材。

（三）创编体育游戏时应注意的问题。

①创编的体育游戏要与主客观条件相适应。游戏者的年龄、性别、种族、文化背景、身体状况等条件都是在创编游戏时需要考虑的因素，当然，与此同时我们也不能忽略场地器材等物质条件和气候、地理等自然条件所带来的影响。

②创编游戏不等于安排一项竞技运动，要给游戏者创造一定空间。尤其是在制订规则时要给予缜密考虑，既要保证游戏能够顺利进行，又不能

过多限制游戏者的自由发挥。

③每一个游戏都不应过于烦琐，难以操作，要让游戏者尽量能在短时间内学会并掌握。创编者要通过对一个主题不停进行探索，从而寻找出一个从简单到复杂的游戏机制。

④创编体育游戏时要多考虑几种实施方案，以便在条件发生变化的情况下能够及时调整。

⑤创编时要充分发扬民主，与同事、学生多商量，及时发现问题，集思广益是创编一个好游戏的重要保障。

（四）体育游戏的撰写方式

体育游戏的撰写格式由以下几个部分组成。

①名称。在游戏名称方面，我们要选取一些比较通俗易懂，朗朗上口的名称，在包含主题的同时也更容易让参与者记住和接受。

②进行方式。包括准备，如场地器材、队形等内容；游戏过程，如进行范围移动线路、动作要求、使用器械要求等内容。

③规则。

④配图说明。

⑤变通方式。在主客观条件发生变化时的一些变通方法。

六、体育游戏在教学内容中的应用

下面介绍几种游戏。

①巧推山。两人相向1~1.5m立正站立，双掌相对推动，可在对方用力时撤掌，脚动者为负。

②巧拔河。两人手掌伸开放一小木块或木棒，开始后拔至本方为胜。

③拉车。两人右手或左手相握，两脚相顶，开始后互拉，脚动者为负。

④拔腰。两人互搂对方腰部，开始后用力将对方拔离地面。

⑤拉背。两人背向站立，两臂相挎，开始后用力将对方拉上背部。

⑥手指攀山。两手大拇指与食指相接，开始后将下方两指绕到上方。

体育游戏在体育改革之中发挥了非常重要的作用，体育游戏所具有的娱乐有趣的特点可以非常快速地调动学生的情绪，从而提高体育运动的锻炼效果。所以在体育教学之中选取一些合适的体育游戏可以更好地实现体育教师的教学目标。因为体育游戏的发展速度快，各种各样的新游戏不停地进入人们的生活，所以体育教师需要不停借鉴新的体育游戏来改进自己的教学方案，丰富体育游戏的内容，为学科发展做出贡献。

第六章　初中体育课程资源与体育学习评价

第一节　初中体育课程资源的利用与开发

一、课程内容的利用与开发

（一）竞技运动项目的利用与开发

竞技运动兼具竞争性、挑战性、不确定性、规则性和娱乐性等特点，在运动进行过程中也常常发生身体的接触。在诸多的特点中，竞技性和娱乐性占据了主导因素。竞技运动具有教育、娱乐、政治、经济等多种功能，经常表现出以下特征，分别为竞争竞赛、休闲消遣、娱乐观赏、荣誉自尊、挑战自我、悬念刺激、自我显示、精神督促、情绪宣泄等。而比赛具有公平、公开、公正的特性，所以成为竞技运动的主要体现形式。

就类型而言，竞技运动和体育运动大相径庭，两者有着本质的区别，所以不能相互之间进行代替。但在属性上面两者又有一定的共同因素，而这也使得两者在一定层面上相互交叉、融合在一起，竞技运动和体育运动的关系由此变得密不可分。体育运动的主体由许多大众竞技构成，这些大众竞技的水平中等，同时大众竞技对于学习体育以及学习健康课程来说有着十分重要的意义。大众竞技适用于大众群体，人们能够减肥、健身等，但是对于体育课程来说，面对的是中学生，并不能将体育课程设置得超出负荷，因此竞技的运动在一定程度上并不能全部照搬到体育课上，如果照搬难度过大的竞技运动到体育运动中，中学生将会失去对体育运动的兴趣，且对于学生的身心有不利的影响。因此，体育课程要根据学生的需求而定，既要激发起学生的兴趣，又要促进学生的生长发育。

体育课程的设置也要根据学生的体育基础、学习特点、兴趣、办学条件等方面进行，其中最主要的是要增强学生的体能，真正达到锻炼身体的目的。大众竞技引入体育课程中时，需要进行一定程度的改造，针对学生的特性进行加工和设计，其改造需要遵循科学性，同时结合学生平时的运动习惯，将其改造成为受学生欢迎的体育课程内容，使学生在有兴趣的基础上能够强身健体，学习到真正有用的体育运动。

将大众竞技进行改造，一方面是将竞技运动变得简单，另一个方面是将竞技运动的种类变得多样化。将大众运动引入体育课程中，对学生和体育课程本身都有着重要意义，学生能够更好地增强体质，体育课程也得到完善，经过改进的竞技运动，就不能再去追求其竞技价值，而应主要追求其健康效应。在体育与健康的课程选用标准之中，我们可以选择一些较为大众化的竞技项目，有利于学生身心健康的同时也不会产生太大的竞技压力和超负荷的运动量，使其有利于学生的身心健康发展，与初中学生的兴趣和爱好相贴切。

（二）竞技运动项目改造的原则

1. 实效性原则

竞技运动经过改造，成为强身健体的有效运动，并且对运动人员的身心都有一定的益处，同时也便于学生进行自主锻炼。

2. 全面性原则

竞技运动的改造不能盲目进行，需要在促进学生身心健康的基础上进行，其改造也不能专项化，要尽可能设计和组合能增进学生身心健康的运动项目。

3. 主体性原则

其主导思想是"为了学生的一切，为了一切学生，一切为了学生"。在促进学生身心健康的基础上，将竞技运动进行改造，并且要充分考虑学生的需求以及兴趣，结合学生各阶段的体育基础，将竞技运动转化成为真正适合学生的体育课程。同时教师不可忽视学生的主体地位。

4. 选择性原则

在竞技项目的选择方面，我们尽量选取一些一般水准的竞技项目，将其进行一定程度的改造，从而能够达到学生强身健体的目的。改进的目标便是体育课程的目标，结合学生特点，满足其身心健康发展。其中一部分简单易操作的竞技运动，可以进行改造，直接运用到体育课程中；对于一些比较冷门的竞技运动，我们应该保持一个理性的态度，不能强行去选择这些不适合中学生身心健康的运动。

5. 主动性原则

不受高水平竞技运动规律与目标的制约，竞技运动的改造，需要遵循体育教育的目标，从多个方面进行改进，如体育教育的宗旨、方法以及目的等，将其改进成为一个完整的健身体系。

6. 可接受性原则

在促进学生身心健康的基础上进行改进，同时还要考虑学生的兴趣，使其能够喜欢该运动，并且主动参与到运动中，增强其竞技能力。

7. 教育性原则

竞技运动项目的改造，要能体现健身育人的作用、教育价值以及实现育人的最高目标。

8. 安全性原则

在选择竞技项目和对竞技项目进行改造分析时，应该以人身安全为基础，在对学生的客观条件了解的基础上，再进行改进，对于某些具有较大危险、容易造成伤害的运动，不能加入到体育课程当中。

9. 趣味性原则

在对竞技运动进行改进时，要充分了解学生对体育的兴趣爱好，将其进行科学的改造，使学生能够真正接受这项运动。并且在运动时感到身心愉悦，从而使学生从中学习到体育知识，健康成长。

（三）竞技运动项目改造的基本方法

众所周知，《课程标准》是竞技运动项目改造的理论基础，因此，我们在改造过程中一定要根据其精神要求，按照健身原理和体育要求来充分研究竞技运动的可操作性、能否达到教育的目的以及是否被学生广泛接受。学生进行运动时要考虑多个方面，如运动的方向、运动的距离、运动的场地等，结合运动学和运动力学，将竞技运动改造成为真正符合学生进行的运动，将其健身效果充分发挥，改造成为使中学生广泛接受的体育运动。另外，还需要保证其能够实施，就必须将合理的教学方法融入其中。其基本方法大致可分为四种，一是相对没有太大运动难度的运动，将其结构进行简化，从而使学生能够接受，并且减轻学生负担，达到锻炼的目的。二是将运动的场地以及器材等进行一定的调整，将比赛规则进行修改，使其符合学生的运动标准，这有利于激发学生的学习兴趣，使学生全身心投入到运动当中。三是对于运动量的设置，需要符合学生的标准，控制在一定的范围之内，使学生能够接受。四是在改进教材时，需要结合传统竞技运动的特性，从符合要求的运动项目里找寻多种多样的功能，从而实现教学目标。

当然，在实际运用过程中，最重要的是改造完成后的竞技运动项目应该尽可能地根据不同学生需求，对不同的学生，进行不同的设计，实施"健身运动处方"，使每一个学生都能通过运动得到应有的效果。体育课程的教材内容由一般水平的大众竞技项目的引入，到竞技运动项目的改造，再向突出健身性、实践性并能使学生终身受益的方向发展，这是初中体育与健康课程的发展趋势。

二、新兴运动项目的利用与开发

（一）新兴运动项目的开发

时代的变化，科技的发展，社会的不断进步都让人们对于体育运动项目的需求越来越高，从而出现了各种各样新兴的体育运动项目。这些新兴运动项目受到学生的追捧，大大激发起了学生运动的兴趣，有利于其健康成长。将新兴运动融入传统的体育课程当中，对于体育课程的优化有十分重要的意义，大大丰富了体育课堂教学内容。在选用新兴的运动项目作为教学项目时，我们应该对其进行适当的更改，使其更为适合当地学生的身心健康需求和兴趣爱好。

（二）新兴运动项目的种类

当前，随着社会生活方式的不断丰富，从新兴运动项目的种类上来看，大致可分为以下几种，其具体内容如下。

1. 攀岩

攀岩作为一项新兴的运动项目，其不需要辅助设备，完全依靠攀岩者自身能力去攀登悬崖峭壁。这一运动项目兼具健身、娱乐、竞赛等属性，既促进了学生们面对困难时心理素养的健全发展，又有效锻炼了学生的腿部力量，手臂抓取能力，提高了身体协调能力等身体素质。攀岩运动不仅能使学生感受大自然的风光，还能体验到挑战自我、实现自我所带来的刺激、愉悦和成就感。在进行攀岩活动之前，我们应该掌握合适的攀爬方法，对安全装置进行仔细检查，另外根据学生自身实际情况，安排适合学生的合理攀岩位置及高度。

2. 旅游登山

近年来，旅游登山项目受到广大青少年的喜爱，这一运动项目既能够锻炼学生的手臂和腿部力量，又能够提升学生面对困难时的意志信念。旅游登山包括一般登山活动、登山夏令营、登山比赛等。登山前，教师应做好充分准备，考察和选好攀登对象、路线、山峰的高度、路线的长短、坡度等，这些都要与学生的年龄、体力相适应。在参与登山时，可以同时进行其他的科学考察活动以及文娱活动项目，让学生真正融入大自然，在大自然中学习，掌握科学文化知识。

3. 郊游、远足、野营等野外活动

郊游的形式多种多样，选择如骑行等绿色健康的出行方式，让学生们在郊游的过程中得到德智体的全面发展。远足表示以步行的方式到野外去游览。而如果在野外露宿的话，这就叫作野营了，前两种有较大的区别。

4. 体育舞蹈

体育舞蹈属于近年来新兴的运动项目，集合了体育和舞蹈的双重特点，是体育与舞蹈的叠加，是舞蹈的运动化，也是运动的舞蹈化，国际上把它称为国际标准舞。健美操是在音乐伴奏下，运用各种不同类型的运动动作，融体操、舞蹈、音乐为一体，借助徒手和使用健身器械的身体练习，以达到健身、健美、健心的一种新兴体育项目。

可以预见，在不远的将来，许多新兴运动项目将不断涌进体育课堂，成为初中体育与健康课程的内容，如软式排球、软式足球、沙滩排球、壁球、保龄球、旱冰、攀岩、健美运动等运动项目，都可能逐渐进入体育教材选择范围。

（三）民族民间体育活动的开发与利用

我国的民族数量较多，不同的民族都有着属于本民族特有的文化，而这些文化里自然也包括体育运动，不同民族的体育运动也各特色。例如蒙古的摔跤、维吾尔族的舞蹈、壮族的歌舞等，都形成独具特色的传统文化，并且得到中国人民的喜爱。学校的体育课程在设计的过程中需要酌情考虑民族特色，能够帮助学校建立课程特色，同时让课程真正被学生所需要。在我国，民族的体育项目多种多样，根据不同地区的特点，开展不同的体育教学是十分重要的。对传统体育项目进行一定的改造，将其设计成符合学生群体的运动。同时，将各个民族的传统特色结合起来，使学生在运动时能够想到自己的民族，从而增强学生体魄，使其身心健康。

常见的民族体育课程包括以下几个板块：

①出于娱乐目的的民族民间传统体育课程，这种课程有一定的规则，但是要求不严格，主要用于消遣娱乐。

②许多民族的体育项目都有比赛的目的，在比赛的同时增加其趣味性，将体力、技巧相结合，设计出民族传统体育项目。

③配合节庆习俗的民族民间传统体育课程内容。各个民族都有专属于自己的独特的节庆习俗，这些节庆习俗在漫长的历史里形成了一种独特的文化内涵，对文化传递起着重要的作用。通过这样的课程，能够让学生逐渐去接触与认识社会。

④民族民间传统体育项目的范例。中国有56个民族，和各民族相关的体育项目不计其数，形式也丰富多样。学校结合各民族特色开展相应的案例，这些案例可以使学生在学习过程中发展速度、力量、耐力、灵敏、反应等体能，磨炼意志，陶冶情操，有利于学生身心健康的发展，增强学生的社会适应能力以及民族文化自豪感。

三、体育设施资源的利用与开发

我国各地经济发展不平衡，这也就导致各个地区的体育配套设施条件存在明显差异，特别是西部地区和偏远的农村，体育配套设施严重匮乏。这种情况下，只能充分改造和发挥现有体育场地和体育器材设施的多种作用和功能，因地制宜，因材施教，让学生的体育活动需求也能够得到满足，通过这样的方式贯彻体育课程的目的。

（一）体育场地的利用与开发

因为缺乏对学生具体情况的考虑，目前很多学校的体育场地和器材都是基于竞技运动而建造的，是纯成人化的标准，根本没有考虑到初中学生的年龄现状，有很大一部分学生不敢去尝试，导致学生不参与体育项目，甚至厌恶体育运动，这在很大程度上对学生的身心造成伤害。根据有关规定，将成人运动的场地以及器材改造成适合学生运动的场地以及器材，需要进行专业的改造，篮筐的高度、足球门的大小、场地大小等，都需要按照学生的标准进行改造。在学校周围、空地等场地，都可以改造成为学生运动的场所，从而保证学生每天的运动量。场地改造可以分为以下几个方面：

①针对不同年龄段的学生，设置不同高度的篮球框，并且根据性别的不同进行设置，并且在标准篮球场安放。

②在某些没有标准篮球场的位置，可以直接将篮球圈安装在墙上。

③在某些空旷场地，例如篮球场、排球场，可以组织进行足球运动。

④排球场的改造要适合学生身体特征，将其排球网的高度降低，场地减小，并且设置成软式场地。

⑤篮球场的大小足以进行小型球类比赛，例如地面乒乓球。

⑥改进小型羽毛球场地，半羽毛球场地。

⑦设置适合学生的小型健身房。

⑧在室内可以将课桌当场乒乓球桌。

⑨体操运动的器械应根据学生的标准进行设置。

⑩设置综合性的运动场。

学校应当将体育运动的场地加大，将学校区域进行合理利用，并且做好安全措施，根据学生的运动情况以及学校周围的环境，进行合理的开发。

（二）体育器材设施的利用与开发

当前很多学校都存在经费不足的问题，并且学校的运动设施较为陈旧，尤其是在偏远地区的学校，往往忽视了体育运动的重要性。要想加强学校对体育运动的认识，就必须先完善学校的体育器材设施。在落后地区，学校应该将体育场地和设施进行合理的利用，例如球类、实心球可以用来当障碍物、抛掷等，跳绳运动可以变成双人跳、三人跳以及集体跳等，接力棒可以当作哑铃、举重器械等，还有许多器材可以多功能使用。除此之外，教师要开发学生的想象力，从常见的物品中得到灵感，设计出能够运动的器材。或者让学生自己动手制作一些能够达到运动目的的物品，例如呼啦圈、毽子、沙袋等。总而言之，学校需要将体育运动重视起来，将一切能开发的场地、能改进的器材都重新利用起来，使学生能够有充足的时间和空间进行体育锻炼。在学生的日常学习当中，由于学习较为枯燥，需要体育运动来缓解和放松身心，这有利于学生身心的健康成长。

第二节　初中体育学习评价与课堂教学评价

一、体育学习评价

在学校的学习中，体育的学习是一项十分重要的内容。体育学习的评价也成为一大难题。如何有效进行体育评价，成为学校需要考虑的问题。我国的中小学生体育课程经过不断改进，形成了一定的体系，在应试教育的前提下，教学评价成为一个十分重要的环节。各个学校需要建立健全适合学生发展的评价体系，结合学生实际情况，借助大量的实践，进行制订。好的评价体系在一定程度上能够增强学生的学习积极性，体育也是如此，需要教师进行科学合理的评价，不断进行探索和实践，从而制订最适合现阶段学生的评价体系。

（一）体育学习评价主要评定内容

早在20世纪90年代，发达国家便对学生的体育学习进行深入研究。针对体育学习评价，进行实践和探索。例如，日本对于学生的体育学习十分重视，在学生对体育的积极性、技能、理解等方面进行调查，并且日本最关心的因素便是学生对于体育运动的积极性及态度。加拿大则将学生体育技能放在首位，针对学生对体育技能的理解、运用等，进行探讨。美国则更加重视学生对于体育运动的参与程度以及参与态度，参与态度在体育评价中占很高比例，达到40%。由此看来，体育评价不仅仅局限于运动方面，还需要从心理方面入手，充分调动学生的积极性。

《基础教育课程改革纲要（试行）》明确指出，学生的体育成绩与学习成绩一样重要，在抓学习成绩的同时，需要加大对体育教育的投入。在体育教育过程中，建立学生的自信心，使其认识自己。我国对于体育课程的评定，重点放在技能的考核上，而没有重视学生的参与情况以及学习态度等。《课程标准》将学生进行体育活动的态度进行强调，并指出在考核学生运动技能的同时，也要对学生的体育学习态度进行分析，从而全方面了解学生的情况，使评价体现真正的公平，从而促进学生的身心全面发展。如表6-2-1所示为学生体育与健康学习成绩评定表。

表6-2-1　学生体育与健康学习成绩评定表

评定范围	评价内容	评价方法	评定标准						学生互评	教师评定	总评
			非常优秀	几乎都达到	进步明显	基本达到	不能达到	学生自评			
情意表现与合作精神	在体育活动中的情绪表现与控制；在体育活动中的自信心表现；在体育活动中的意志力表现；对他人的理解与尊重；交往与合作精神等。	观察记录问卷问答等									
体能	体能达到的水平与进步幅度	测验观察									
知识与技能	体育与健康的知识，科学锻炼的方法，体育技、战术知识与方法等的掌握程度和运用能力以及进步幅度。	测验观察技能评定等									
学习态度	对待体育与健康课程的学习与联系的态度，在体育与健康课程学习和锻炼活动中的行为表现	观察问卷问答等									

1. 体能的评定

在现阶段青少年的健康标准评定中，体能的发展是十分重要的内容，体能的发展是学习体育课程的目的。在学校的学习中，学生的健康课程排在第一位，以现阶段我国学生的健康状况作为依据，进行初中生体育成绩的评定，是《课程标准》中的重要内容。

《课程标准》中，体育成绩的评定有两个方面，一是学生的身体素质；二是学生的运动能力。对于健康而言，身体素质与运动能力同等重要。对体能进行评价，包括肌肉力量、肺活量、柔韧性等。在对中学生体能进行评定时，结合学生的年龄，选择相对应的项目进行评定，并且参照《中国学生体质健康测试标准》进行评定。全方面对学生健康课程进行评定。

2. 知识与技能的评定

初中学生在体育学习中，需要学习体育健康的知识、身体健康的重要性以及体育健康知识的应用等。将体育课程中学到关于健康的知识应用到生活学习当中，并且掌握体育技能，付诸于实践，对运动的技能，实践的情况进行相对应的评定。

3. 学习态度的评定

将健康课程的重要性灌输到学生的脑海里，使学生树立正确的健康意识，从而使学生面对体育健康课程时不排斥，并且有积极性。将学生对课程的态度加入到评定的内容当中，其中可以从以下几个方面进行评定：
①学生在没有老师的监督下能否自觉参与体育运动中。
②学生在参与体育活动时是否心不在焉。
③学生在体育运动的过程中是否动脑子思考和练习。
④学生在体育活动过程中是否接受教师的教育。

4. 情意表现与合作精神的评定

体育与健康课程的学习，在一定程度上能够增强学生的抗压能力。在体育学习的过程中，将学生的心理健康水平进行提高，使其适应社会发展。许多学生在面对体育课程时，会产生恐惧心理、胆怯，因此体育课程的目的便是增强学生的自信心，使学生发掘自身的潜力，能够通过不断的练习，增强自身实力，从而增强自信心，能够勇敢接受学习中的挑战以及社会中的挑战。

在该课程中，学生也能学会适应，适应尊重教师和同学。在体育活动过程中与同学交流，也能增强其沟通能力和团队合作精神，学习承担责任，主动分析失败原因等。

（二）进行体育学习评价的方式方法

1. 由体育教师制订评价标准，突出学生的个体差异

学生的体能和运动技能存在一定的差异性，是由许多因素造成的。

例如性别年龄的差异、地域的差异等。即使在同一个学校，同一年龄和性别，学生体能和运动技能也不相同。因此，教师不能用固定的标准去衡量每一个学生，用统一标准去衡量学生，这在一定程度上是不公平的。因此，标准的制订要根据实际情况来确定，根据教学过程中的实际情况，用客观的变量对学生 进行考核，保证其公平性。从而使学生消除心理负担，也能将体育教学的质量进行一定的提升。

在很大程度上，家长和教师用学习成绩来衡量一个孩子，用统一的标准进行考核，这是不公平、不科学的。不同地区、不同年龄的学生情况各不相同，如果用统一标准去衡量，那么必定造成数据不准确。某些地区发展较为落后，其体育教育必定跟不上，如果此时还用全国统一标准进行考核，没有给学校、教师和学生空间，那么培养出来的学生也会出现千人一面的现象。在过去，我国的体育考核标准由个别专家制订，其缺少了可靠性，制订出来的标准也有局限性。因此，体育考核标准的制订应当交给对学生情况最了解的体育教师进行。在教学过程中，体育教师充分了解学生的实际情况，由此制订相对应的标准，选择合适的评价内容，对学生进行评定，得出的结果更加全面、可靠。

体育教师制订标准，是最为合理的方式，这在一定程度上能够保证学生评定的公平性，也能为体育教师提供一定的发展空间，将体育教师的积极性以及潜能充分发挥出来，从而解决统一标准带来的一系列问题。《课程标准》中指出，体育教师可以选择合适的教学形式以及考核内容进行教学和考核，从而使教学和考核多样化。学生还能根据自己的实际情况，选择考核的内容，从而激发学生的学习兴趣。体育的教学不同于传统科目的教学，体育的教学更具有灵活性，其教学也要满足学生的个性化，在保证教学目标的基础上，满足学生多样化的需求。体育教师应该感谢体育课程的改革，这为体育教师带来了机会，也给学生带来了满足。而且当下的学生越来越有个性，体育课程也越来越满足不了其全方面发展，由此必须进行体育课程的完善，满足学生越来越高的要求，使其潜力得以充分发挥。

3. 转变体育教师的观念，强调评价的反馈和督促功能

在大多数情况下，体育教师对于体育方面有特长的学生关怀备至，希望其能够在各种比赛中脱颖而出，从而使体育教师也能成名，因此，体育教师把主要的教学精力放在这些学生身上，而忽视了大部分的学生。这些体育教师忘记了自己的职责是所有学生的体育教育，而不是个别学生，从而导致学校的体育教学仅仅为那几个体育尖子生服务。

同时，应试教育造成许多教师和学生把提高成绩当作主要目的，许多学校都把考试当作评价优劣的标准，实际上考试和评价有着天壤之别，评价体现出的反馈和督促作用，在考试中得不到体现，而考试实际上是选拔功能。在这种情况下，教师以成绩来评价学生体育情况，大大提高不公平性。

学校素质教育面向全体学生，需要突出学生的个性，而不是单纯的选拔尖子生。学校学习的本质是提高学生的综合素质，因此需要对学生的发展进行评价，而不是成绩进行评价。评价需要有反馈，从而去了解实际情况，而学校往往忽视这一点，只重视选拔结果。

因此，《课程标准》中要求教师不要忘记自己的职责，重视教育学生的目的，将体育评价进行合理的运用，进行反馈和督促，从而达到其公平性，使学生全面发展。

4. 关注学生的进步与发展，有效评价学生的体育学习

在传统的教育观念中，定性的评价方法并不受到教师欢迎，其被贴上不科学、不合理的标签。而较为科学合理的评价方法往往需要较大的工作量，由此，在我国，体育的评定往往由体育教师进行定量评定。但是学校教育的目的是对人的教育，目的是使其在社会上能够立足，需要教师发掘学生的潜力，培养学生的自信心。体育教师采取定量的评定方法，对于教育学生起不到作用。因此对于学生的教育，并不是单单靠死记硬背，而是，需要学生灵活运用，将知识应用到实际问题当中。

（1）定性与定量评价相结合

对于初中学生而言，体育达标测验是评价的重要手段，对学生的情况进行等级评定，主要包括学生的身体素质、技能以及运动情况等。教师用现有的评定标准进行评定，并且分出等级，将学生的各类技能达标程度进行评定。

定量评价是用一把尺子去衡量所有学生。例如，在100m跑的评价中，只要是同一年级的学生，达到14.8s即为及格。这种机械的做法，我们可以把它看作是一种工业化的评价模式，即用一把卡尺来卡螺丝帽，合格的就是合格，差一点就是不合格。可是，在体育课程和教学中我们评价的是学生自身，即使我们从过去"增强学生体质"指导思想出发，100m跑14.8s的学生就一定比跑15s的学生体质强？这种定量的评价方法只能起甄别和选拔的作用，很难评价一个学生的体育学习情况，其竞技运动的痕迹很深。所以，根据学生年龄、学习阶段的特点，建议对初中学生采用等级评价制，即便是体能和运动技能的指标，也应是在定量评价的基础上，对学生进行

等级制评定，并提倡将等级制评价与评语式评价结合进行综合评价。

对于学生的体能评价和技能评价，可以通过定量评价的方式进行，这种评价方式只适合评价，对于学生的学习态度、习惯、以及各种精神的养成没有任何作用。学习的目的便是为了学习如何适应社会和增强体质，这样的评定方法相对而言并不能达到教育的目的。学生是否达到学习目标，无法通过定量评价得出。因此，定量与定性相结合十分重要，在衡量学生健康程度的基础上，对学生其他方面的成绩进行评定，从而使评价更具有全面性。体育教师也应该运用自己的能力，开发出能够全方位评定学生的评价方法，从而减少在体育评定中出现的漏洞。

（2）终结性与过程性评价相结合

在体育教师教学结束时进行的评价，如期末考试、考核等评价，叫作终结性评价。终结性评价的目的是为了检查学生的技能是否达到教学的目标，其更加重视教学的成果，对学生在一定时期内的学习成果进行评价，做出最后的评定。在学生学习过程中，对学生的学习情况进行考察以及了解学生各个方面的学习进展，对学生进行的各方面评价，叫作过程性评价，其能够及时了解学生在学习过程中存在的问题，从而能够及时解决。过程性评价，一般在一小段学习过后进行，通常为一个单元过后。教师将过程性评价与终结性评价结合起来，能够随时了解学生学习过程中的困难和问题，对学生表现进行口头评价，如单元评价表如表6-2-2所示，成长记录袋如表6-2-3所示。学期期末的时候，教师需要两个终结性评价，对学生体育课程的每个方面进行评价，包括学生的学习态度、学习方法等。

（3）绝对性与相对性评价相结合

绝对性评价是把群体中每一成员的某个指标逐一与评价标准对照（如国家体育锻炼达标标准等），给出绝对分数，从而判断其优劣。这种评价的优点在于标准比较客观，可以使评价者看到自己和客观标准之间的差距，以便向标准不断靠近；其缺点是不易全面分析学生之间存在的体育学习差异。相对性评价则是先建立一个评价基准，然后把各个被评对象逐一与基准相比较来判断其优劣。

相对性评价中的评价基准有横向评价基准和纵向评价基准两种。横向评价基准是在被评对象的群体或集合中建立起来的，如学习成绩的平均值等；纵向评价基准则是表示被评对象过去的成绩水平，即学习成绩的初始值，如入学成绩等。教师在对初中学生的体育学习成绩进行评价时，主要参照纵向评价基准，即被评对象自己的初始成绩，以考查该学生借助一段时间的体育学习之后体育学习的进步幅度。

表6-2-2　初中×年级上学期单元项目学习评价表

		技巧	篮球	武术	足球	原因分析与努力方向
动作技能	好					
	中					
	差					
学习态度	好					
	中					
	差					
身体素材	好					
	中					
	差					
心理素质	好					
	中					
	差					
保护能力	好					
	中					
	差					
合作意识	好					
	中					
	差					
自联能力	好					
	中					
	差					
教师总评						学期或学年成绩

注：好为85~100分，中为60~84分，差为60分以下。

表6-2-3　学生的成长记录袋评价

可测性项目	身体形态	身高	时间							
			成绩							
		体重	时间							
			成绩							
		胸围	时间							
			成绩							
	身体机能	肺活量	时间							
			成绩							
		脉搏	时间							
			成绩							
		视力	时间							
			成绩							
	体能	50m跑	时间							
			成绩							
		3台阶试验	时间							
			成绩							
		立定跳远	时间							
			成绩							
		引体向上	时间							
			成绩							
		立位体前屈	时间							
			成绩							
可测性项目	运动技能		时间							
			成绩							
			时间							
			成绩							
			时间							
			成绩							
			时间							
			成绩							
	基础知识		时间							
			成绩							

绝对性评价是把绝对分数作为衡量学生体育学习成绩的最重要的甚至是唯一的标准。这种简单、片面的评价势必导致教师为分数而教，学生为分数而学，使分数成为学生进行体育学习的"直接动力"，这样不利于全面、真实地了解学生的整体发展情况，不利于素质教育的实施。而相对性评价则有助于学生看到自尊心。近些年来，国外许多国家在体育课程的学习评价中，借助自己的努力取得不错的进步，从而建立起体育学习的自信心，特别是对体能的评价中，往往将绝对性评价与相对性评价结合起来，例如，日本对学生体育学习成绩的评定就充分考虑到学生态度和行为的进步与发展，并提出了教师应依据每个学生的实际进步情况进行考评的思想，而不是以统一的标准来要求所有的学生。美国最佳体能教育计划更是强调个体评价的意义，表示学生应依据个人的进步得到评价，而不是借助相互比较标准来衡量。德国在评定学生体育学习成绩时，运用社会参照标准（即绝对标准 ±1）的评定方法进行，最终得分=社会参照标准 ±1，即学生只要进步就可以加两个等级，如出现退步则减一个等级。

目前，在我国部分地区的学校中也开始采用绝对性评价和相对性评价相结合的"相对评分法"。具体的做法是，在学生入学时，借助诊断性评价建立两套学生个人的体育档案，包括对学生的知识、技能、体能等方面的掌握，并把它们作为学生的入学起点成绩。借助每学期结束时终结性评价的结果与学生个人入学起点成绩进行对照，就可以发现每个学生在本学期体育学习进步幅度的相对成绩和绝对成绩起点成绩，从而使每个学生看到自己的进步，体验到成功。也有部分地区的学校将学生的入学成绩进行均值化处理，以均值化的结果作为相对评分法的基准成绩，并将学期结束时学生的终结性评价结果与均值相比较，得出每一个学生的进步幅度。

实际上，许多地方都存在着大班体育教学的问题，体育教师会由于所教班级多、学生人数多而出现无法熟悉每一位学生的学习情况，从而导致学期结束还不能认识所有学生的现象，以至于教师无法针对每一位学生给予切合实际的学习评价。另外，《课程标准》强调体育学习评价要针对每一位学生的实际情况、为每一位学生反馈信息，督促每一位学生健康发展，这势必会使得体育教师的工作量因教学评价而大大增加。面对这样的情况，体育教师可以根据各地、各校的实际情况，采用先学生自评，然后发挥体育骨干小组长的作用，由小组长组织进行学生互评，最后教师根据学生自评和互评的结果（还可结合家长评价的结果），有针对性地对学生的体育学习情况进行准确的评价，从而最大限度地缩小大班教学造成的负面影响。

体育学习评价应以人为本，以尊重学生的人格为前提，注重学生素质的全面发展，注重提高学生的体育学习质量。体育学习评价的目的是为了了解学生的学习情况，发现不足，找出原因，以便改进学习策略和方法，其主要功能在于反馈和督促，而不是甄别和选拔。所以，体育教师在教学过程中应转变教育观念，选择正确的评价方法，积极探索新的评价模式，全面有效地评价学生的体育学习成绩，以促进学生进步和发展。

二、课堂教学评价

在传统的体育教学评价中，课堂教学的水平和成效反映了一个体育教师的所有方面。于是，为了准备一堂体育公开课，为了得到同行的称赞和评委的肯定，体育教师常常得花数月的时间精心设计、精心彩排。教师所想的就是如何在这场"表演"中"出色"地完成任务。体育与健康课程改革强调了学生的主体地位，提出体育与健康课的教学应以学生的发展为中心，应保证每一位学生受益。新的教育观念对体育教师提出了更高的要求，也不再以体育教师的"表演"是否"出色"来评价课堂教学成效。由此，如何借助正确的课堂教学评价来提高体育教师的素质，改变体育教师的教育教学观念，以满足全面实施素质教育的需要，成为每一位体育课程改革工作者所需要重视的一个方面。

（一）课堂教学评价主要内容

课堂教学评价是对教师的教学过程与教学成效进行的评价。在课堂教学评价中，一方面要对整个教学过程进行评价，另一方面更要注重对教学活动的有效性，即教学活动对实现教学目标的有效程度进行评价。所以，对于体育课堂教学的评价，不但要注重对体育教师的教学行为，如教学、组织、教育的行为进行评价，更要注重对学生在学习过程中的表现以及学习前后发生的变化进行评价。表6-2-4为体育课堂教学评价表。

表6-2-4　体育课堂教学评价表

评价内容	评价等级				
	优秀	良好	中	及格	不及格
全面了解学生的体能、运动知识和技能的程度	了解	较了解	一般	不太了解	不了解
设置的课堂学习目标	合理	较合理	一般	不太合理	不合理

评价内容	评价等级				
	优秀	良好	中	及格	不及格
编写的教案	实用	较实用	一般	不太实用	不实用
采用的课堂教学组织形式	合理	较合理	一般	不太合理	不合理
在课堂上学生的情绪表现	活跃	较活跃	一般	不太活跃	不活跃
在课堂上学生自主学习的机会	多	较多	一般	不太多	没有
在课堂上与师生互动的情况	充分	较充分	一般	不太充分	不充分
在课堂上学生达成学习目标的情况	好	较好	一般	不太好	不好
在课堂上运用各种教学方法的熟练程度	熟练	较熟练	一般	不太熟练	不熟练
在课堂上利用与开发体育与健康课程资源的情况	好	较好	一般	不太好	不好
在课堂上学生的学习态度	积极	较积极	一般	不太积极	不积极
综合评价（等级）					

此种评价方法打破了传统的仅以教师为主要评价对象的限制，虽然评价的仍是教师的教学情况，但关注的是学生的体育学习行为，具有一定的新意，且评价指标与课堂教学紧密结合，符合实际，通俗易懂，简便易行。

1. 体育教学目标是否得以实现

由于未来的体育课程强调以"健康第一"为指导思想，课程目标也是表示学生整体健康水平的提高，所以对体育教师的评价应看其在课程设计、教学方案和计划的制订、教学内容的选取、教学评价等方面是否充分体现"建康第一"的指导思想，是否在体育教学过程中贯彻和落实该指导思想，是否促进了学生身心健康地发展。

传统的体育课堂教学中，教师十分关注学生的体能和运动技能目标是否达成，从而使之成为体育课的唯一目标。体育教学虽然离不开运动技能的教学，但它不等于技能教学。体育教学的目的是促进学生借助体育学习和活动得到全面的发展。比如，体育课的真正意义不仅仅局限于教给学生某些运动知识和技能，更重要的是借助体育教学培养学生集体主义的情感，培养学生奋发向上的精神，形成乐观开朗的生活态度。有积极价值的体育课堂教学甚至能使学生一生受益，这才是一堂课的真正价值所在。未来的体育与健康课程所追求的是对学生的完整教育，而不仅仅是传授运动知识和技能。所以说，只达到体能和运动技能目标的课不称之为有积极价值的课程，而促进学生全面发展的课才是有积极价值的课程。

2. 体育教师的课堂教学实践能力

体育教师的课堂教学实践能力主要包括融会贯通《课程标准》的能力，如对《课程标准》的领会和掌握程度；对现代教育教学理论和教学方法的掌握和实际运用能力；掌握从事体育教学所需的基本技能的情况，如体育教学的设计、讲解、示范、提高、应变、组织教学和评价的能力；激发和保持学生运动兴趣，促进学生形成体育锻炼习惯的能力；运用现代教育技术手段（如多媒体教学手段等）进行教学的能力以及利用和开发体育课程资源的能力等。

3. 课堂教学的创新程度

"创新是一个民族进步的灵魂，是国家兴旺发达的不竭动力""一个没有创新能力的民族，难以屹立于世界先进民族之林"。在学校教育中，我们应把创新教育放在重要的位置上，体育课堂教学也应如此。由于受传统教育思想的影响，一些体育教师习惯于墨守成规，不加创新，加之以往只能严格按照体育教学大纲规定的内容去教学，采用的教学方法也基本上大同小异。如果有体育教师突破常规，标新立异，则可能被认为是"教学不规范""放羊式教学"等，从而束缚了教师的创新思想。

在过去的体育教学中，还常常出现这样的情况，如果在全国推出一堂"优秀公开课"或"示范课"，那么在全国各地都会"上演"类似的体育课；如果一位体育教师一直上一个年级的课（如每年都上初一年级的课），虽然他每年面对的是不同的学生，但其体育课教学则可能没有什么变化，每年都在重复教学。应当看到，我们既找不到两个完全相似的学生，也不会找到适合任何学生的一种教学方法。所以，教师不能照搬照抄一些优秀公开课的教案来对自己的学生进行教学，也不能对所有学生从头到尾都只用一种教学形式上课，应该研究学生的个体差异，因材施教，把同行教师优秀课中主要的理念和有益的经验加以整合，引用到自己的课堂教学中，而不是简单地"学习"和"模仿"。

体育与健康课程将给予教师更大的选择余地和发展空间，鼓励体育教师开展创造性的体育课堂教学。所以，课堂教学评价的一个重要内容就是看教学是否有新意，是否令人耳目一新。

4. 学生的体育学习兴趣是否得到激发

在以往的体育教学中教师相对于关注学生的掌握程度以及兴趣指数来说，更为关注的是自身的教学水平是否得到认可，教学水准是否得到肯定。一切的学习基础都来源于兴趣，如果学生对于体育课没有兴趣，自然也不愿意参加体育活动，可以说这样的教学就是失败的。所以体育课堂教学的最终目的是促进学生自觉地、主动地参与体育活动，并养成锻炼身体的习惯，只有这样，体育与健康课程的目标才能实现，学生的健康发展才能得到保证。所以，只有学生主动参与的体育课才是有兴趣的课程。

学生的体育学习兴趣是否得到激发主要体现为学生喜欢体育课和主动参与体育活动的程度。学生是体育课堂教学的主体，体育教师在进行课堂教学时应努力激发学生体育学习的兴趣，促使学生积极参与体育活动，让学生充分体验体育学习和体育活动的乐趣，并在愉快的学习中获得进步和发展。

5. 学生主体地位是否得到体现

对于以往传统体育课的评价我们大多从教学目标、内容、讲解是否清楚等方面进行评价。虽然这样的评价没有错，但是我们却忽略了更为重要的一点，即学生的接受程度以及学生是否对所学内容感兴趣。传统意义上的课程似乎有些流于表面，大家关注到的是学生能学什么，但是学生喜欢什么以及想学什么并不关注。这种现象在优质课的评比中尤为常见，并带来了不小的负面影响。所以这种课的目的是为了评优、获奖，并不是围绕学生的学习来进行的，是"中评不中用"的体育课。

在体育课的公开课上，教师更为注重的是表现自己的技巧和教学水平，忽略掉了与学生配合的重要性。然而这样做似乎有点本末倒置了，教学的根本目的不是为了炫耀自身的教学水准，而是在于学生能够真正地融入到这节课堂当中，否则就算教师讲地再好，也不能反对这是一节失败的课。

（二）进行课堂评价的方式和方法

学校教育的关键在于课堂教学，所以其中蕴含着众多的教学规律。教与学、讲与练、主导与主体、学知识与学做人、学知识与提高能力、全面要求与因材施教等都可以在课堂教学中引出和展开。那么，教师应该怎样来评价体育课堂教学呢？

1. 定性评价与定量评价相结合

教育水平日新月异，教学水平衡量的手段也层出不穷，如今对课堂教学进行评价时除了定性，还可以定量评价。定性评价主要是借助评课活动进行讨论、分析和评述，也可对评价指标进行等级制的评定。定量评价多借由评价量表的形式进行评价，分数是以判定课堂教学质量的直观标准。各地、各校或体育教师自己均可以根据实际情况选择课堂教学的评价指标，编制体育课堂教学评价表，以便于对体育课堂教学进行有效评价。

定性分析和定量分析在使用上各有优劣，定性评价在很大程度上缺少量的判断，主观随意性较强，但能给体育教师提出建设性的意见。定量评价则强调量化，可以提供客观的数量上的标准，但仍必须要在对量化的数据进行定性分析之后，才能给教师提供改进建议。如果把两者有机地结合起来，则能更科学准确地对课堂教学做出评价。体育课堂教学评价定量与定性评价结合表如表6-2-5所示。

此种评价方法强调了"学生为主体"的课堂教学成效，一定程度地体现了课程改革的新思想。其优点在于制订了一个可供参考的评价标准，评价主体可以借助定量评价的结果来对课堂教学进行定性评定，做到定量与定性评价相结合。

2. 即时性评价与阶段性评价相结合

课堂教学评价是建立在促进体育教学长久发展的眼光提出的评价，可以单节课为单位，也可以学期或者整个课程的教学为单位。即时性评价不同于上述的评价，是实时性的一种评价，通常教师是评价人，自己针对本节课进行评价，以达到提升课堂效率的目的。即时性评价也可由领导、同行或专家、学生举行评课讨论会的方式进行，以便于相互指导、交流与沟通、反馈信息、督促教师"扬长避短"。即时性评价是最直接、最具体、最及时的评价形式，因而也是一种应用非常广泛且行之有效的课堂评价形式。

根据各地、各校的实际条件，可以采用随机的方式在每学期进行若干次即时性评价。深圳市南山区作为国家首批基础教育体育与健康课程改革实验区，大胆尝试，勇于创新，在全区范围内实施了一条开放式听课制度，即规定每周二为全区体育课的开放日，只要没有上课任务，各校体育教师可以不受任何限制的到其他学校或班级听课评课，以促进学校与学校之间、教师与教师之间的互相学习与交流。这就意味着每一位在周二有体育课的教师随时可能有人来听课评课，为此教师不可能像过去那样事先对

表6-2-5 体育课堂教学评价表

评价项目	权重分数	评价要点	评价等级得分 A B C D				得分
教学目标	10	目标确定符合《标准》和学生的实际状况	4	3	2	1	
		领域目标全面、具体、可评价	3	2	1	0	
		贯穿在教学的各个环节	3	2	1	0	
教学内容	15	教材选择的使用价值及针对性	4	3	2	1	
		掌握教材知识的准确性和教材的教育因素	4	3	2	1	
		教学内容组织的合理性、实效性	3	2	1	0	
		教学方案设计的系统性、层次性	4	3	2	1	
教学过程	10	教学过程的功能性、艺术性	5	3	2	1	
		教学过程分配合理性	5	3	2	1	
教学方法	25	教师教学主导作用，教学方法的选择及应用	6	4	3	2	
		学生的主体性，学习方法的设计与应用，主动学习	4	3	2	1	
		教学组织形式多样化	5	3	2	1	
		教学艺术，导入、质疑、解疑、情境教学	4	3	2	1	
		师生关系和谐、教学民主、互动	3	2	1	0	
		媒体的运用手段及能力	3	2	1	0	
教学效果	20	教学目标的达成度	6	4	3	2	
		学生体育课的参与态度与行为	4	3	2	1	
		学生自主体育的能力与表现	5	3	2	1	
		学生的情意行为表现	5	3	2	1	
教学基本功	20	教师的语言表述及动作示范的感染力	8	6	4	3	
		教师教态、仪表、举止、情感	5	3	2	1	
		驾驭调控能力及应变能力	4	3	2	1	
		现代化教学手段的运用能力	3	2	1	0	
综合评价							评价总分
等级							

注：评价等级：优、良、一般、差90~100分为优，80~89分为良，60~79分为一般，59分以下为差。

每节课进行精心设计和彩排，唯有将新的体育与健康课程改革的理念和创新意识贯彻到自己平时教学的每一堂课中，才不会当有人来听课评课时而显得手忙脚乱。借助这样的方式在每学期随机进行若干次即时性评价，可以督促和促进体育教师不断地追求进步与发展。

单一的即时性评价远远不能达到最终的测量目的，此外还需要结合学校组织的阶段性或总体评价从，不同角度了解教师的实际教学水平以及尚且存在短板的地方。测评的频率至少要保证每学期进行一次，当然最终的目的是反馈给教师本人让其进行查漏补缺，为接下来的教学做好准备。

3. 他人评价与自我评价相结合

在以往的教学评价中主要以"他评"为关键，大致分为领导、同行和学生三方面。然而经过多年来的实地考究后发现，单一方面的评价难免都存在误差。新课程改革中提出的发展性课堂教学评价则注重教师对评价的积极参与，强调评价主体的多元化，将教师自评与其他几类相关的主体评价相结合，有效评价体育教师的课堂教学，真正起到提高教学质量的目的。

（1）领导评价

领导对于教师测评方面给予的评价可以说影响很大，在一定程度上和教师的积极性挂钩，因为这中间直接或间接的影响到职称、绩效、奖金分配等方面。大部分的领导都能够对教师的教学水平提出相对中肯的评价，可是考虑到领导的时间安排以及工作内容，他们并不能定期定时的为教师加以评断。而且很多时候他们碍于没有充分的时间评价，只能通过他人给予的反馈来评价教师。所以，领导评价能否对体育教学质量的提高真正起到促进作用，与领导者本身的素质、公正程度有着不可分割的关联。

苏联教育学家苏霍姆林斯基曾说过："经验使我深信，听课和分析课——这是校长最重要的工作，经常听课的校长才真正了解学校的情况，如果偶然想起来才去听几节课，老是忙于开会和操心其他事物，使他走不进教室，不接触教师和学生，那么，校长的其他工作都失去意义，开会等等的事，都会一钱不值。"由此可见，听课评课（即进行课堂教学评价）是学校领导经常性的工作，对教师的教学工作有检查、指导、督促、评估等作用。搞好课堂教学评价是加强学校教学管理的关键，既能促进教师教学能力的提高，也能全面提高课堂教学质量。

（2）同行评价

同行评价顾名思义，就是同一行业、岗位上对于同事的一种评价。

我们都知道，体育课堂教学对于技能水准方面的要求颇高，因此对于体育教师的教学水准进行的评估同样要更为严谨深刻。因此同行教师的评价显得格外关键。同行评价的优势在于对教学内容、学科思想非常熟悉、可以对教学计划、教学内容、教学结构提出中肯的意见。另外，同行评价还可以互相交流工作经验，促进教学质量的提高。有效地开展教师与教师之间的评价活动，能够达到互相交流教学经验，切磋教学方法的目的。

不能否认的是同行业工作者的评价有着很高的借鉴意义，但是也不能完全以此为准绳去衡量一个教师的教学水平，而且这方面的评价毕竟只是短时间内针对教师上课给予的一个评定，并不能说明在整个学期（或单元）课堂教学的全过程和教学水准，所以难以对教师的教学成效给出客观全面的评价。况且，同行之间有时情感和面子的因素也直接影响着评估结果的可靠性。

（3）学生评价

学生作为教学的直接受益对象，对于教师成败有着最为有力的评断地位，所以学生经由自己的上课感受对于教师进行的评价可借鉴意义最高。课堂中师生互动最为常见，双方对彼此都有相当深刻的了解，对体育教师教学成效的感受也最深刻，完全可以对体育教师的教学行为给予准确客观的评价。而且，在体育教学过程中，只有学生才知道教师的教学是否使他们提高了运用所学体育与健康知识和技能的能力，是否使他们真正获益。

由学生评价体育教师教学质量，还有助于教师改进教学过程，改变教学观念，提高教学质量，达到教学相长的不错境界。学生可以指出体育教师在教学上的优点及存在的问题，促使教师充实、调整和更新教学内容，改进教学方法，运用新的教学手段，提高课堂教学质量。同时，还有利于促使教师调整自己的教育观、价值观和人才观，更加注意倾听学生对教学的意见，了解学生对体育学习的需要，不断提高、完善自己，深入研究和运用教学规律，进一步提高课堂教学质量。

与此同时，为了进一步保障评价的可借鉴性，参与评价的学生至少有几十人，最大程度的排除误差，保障结论的真实性。所以，学生可以作为评价体育教师教学工作好坏的主要发言人。

（4）教师自评

在素质教育中是倡导主观意识，即从全方位来培养学生的自主意识，其前提就需要一个具备足够积极自我意识的教师来进行引导教育。由于体育教师的劳动和角色是复杂多样的，尤其涉及对体育教师知识观、学生观、人才观等教育教学观念的评价，借助"他评"是很难实现的。自我评价对于教师而言也是一种变相的剖析和了解自身，更是一种成长和改变，在教学的过程中不断优化自身，从而形成一种良性循环。

体育教师对课堂教学进行自我评价主要是以课后"在教学日记或教案上做简要评述"的方式进行，是借助回忆课堂来发现问题与不足。必要的情况下，教师还可以采取"听自己的课的形式"进行自我评价。教师可以把录音机或摄像机带进体育课中，把自己的课记录下来，然后自己听、自己看、自己分析，或请教他人。这样做比课后靠回忆来发现问题更为直接和清楚，是促使体育教师尽快提高教学水平的一种好方法。借助听自己的课可以让教师分析自己的教学行为和驾驭课堂的能力，如动作是否规范、课堂设计是否合理等。如果能结合教案来分析自己的课，成效就更明显了。"听自己的课"是教师对自己教学工作的一种反思，一种自我监督。

有条件的体育教师不妨借助这样的方式来认真回顾每节课的得与失，及时发现教学中成功的地方和应该纠正的问题，这会使体育教师的教学能力和教学质量很快得到提高。

现代心理学研究表明，内部动机比外部动机具有更持续的作用。自我评价作为一种自我发展的内在动力机制，对于体育教师的发展来说，是其提高的根本动力。正如哈里斯和希尔所表示出只有教师本人对自己的教学实践具有最广泛、最深刻的了解，并且借助内省和实际的教学经验，教师能够对自己的表现形式和行为进行一个有效的评价。实际上，无论是领导评价、同行评价还是学生评价要想对教师的行为产生作用，都需要经过教师自我评价的机制，借助教师的认同和内化。所以，教师自评是促进体育教师不断发展必不可少的重要一环。

领导评价、同行评价、学生评价是促进教师素质提高的外部机制，即都是利用外部的压力、外部的要求来刺激和规范体育教师的教学行为。而教师的自我评价则不同，它是一种教师借助认识自己，分析自我，从而达到自我提高的内在机制。

综上所述，在体育课堂教学的评价中，教师应以提高教学质量为出发点，采用即时性评价和阶段性评价相结合、定性评价与定量评价相结合、教师的自我评价与他人评价相结合的评价模式，强调体育课堂教学评价的督促与信息反馈功能，关注体育教师的主动性、社会性与创造性，以促进教师素质的全面发展。

第三节 体育中考的教学建议

一、体育中考制度概述

学校要组织学生进行体育中考并取得优异的成绩，必须先对体育中考进行全面的了解。了解考试科目对体育中考制度的意义，熟悉中考各项考试科目的测试和评分方法，并根据学生身体和健康现状，明确准备方向，从而制订切实有效的体育锻炼计划。

体育中考是初中毕业升学体育考试的简称，专指初中毕业升学考试中的体育考试。体育中考成绩与其他学业考试、考查和考核科目的考试结果，是衡量学生学业水平和高中阶段学校招生的重要依据。

（一）实施体育中考制度的原因

实施初中毕业升学体育考试是为了贯彻党的十八届三中全会提出的"强化体育课和课外锻炼，促进青少年身心健康、体魄强健"精神，落实《国务院办公厅转发教育部等部门关于进一步加强学校体育工作若干意见的通知》（国办发（2012）53号）的相关要求，推进素质教育，加强学校体育工作，培养学生进行体育锻炼的自觉性，增强意志品质、身体素质和体育技能，促进学生德、智、体、美全面发展。

国家实施"体育中考"制度是借助考试的这种特殊形式，引导学生积极进行体育锻炼，达成"提高学生身体素质，增进学生身体健康"的目标，并为学校全面开展体育活动提供有力的保证。然而，尽管国家出台了"体育中考"制度的相关规定，但目前仍然有部分学校领导和教师对于"体育中考"意义理解较为局限，片面强调其对身体素质的评价和升学目的。所以，学校对学生宣传"体育中考"的重要性时，应从源头上做起，向学生灌输"健康第一"的指导思想，表明"体育中考"是"增强体质、增进健康"的重要手段，让学生真正树立"终身体育"的思想，提高自主锻炼和主动锻炼的意识，让"每天锻炼一小时，健康工作五十年，幸福生活一辈子"的理念在学生心中生根发芽。

（二）组织和实施体育中考的办法

平时体育考试由各学校组织实施。统一体育考试由省、市直属学校，市内各区所属学校和民办学校由市教育局组织实施。各县（市）所属学校由县（市）教育局组织实施。

初中升学体育统一考试的进度安排，各市、县稍有不同。以长沙市为例，一般每年的1~2月，由市教育主管部门完成体育考试方案的设计；3月初，各县（区、市、特区等）教育主管部门向考生公布考试项目、规则、评分标准及相关注意事项，考生选定运动技能类测试项目；3月末，颁布考试工程安排表；4月中旬，各地区在规定时间内组织学生考试。

全市初中毕业升学体育考试工作人员由市教育局抽调安排，并组织所有工作人员进行业务学习、操作培训和纪律教育。各考点实行封闭管理，无关人员不得进入考场，以保证考试顺利进行和考试公平公正。考生一律凭贴有相片的学生手册及本人IC卡，经确认后方可进行考试。各项考试在半日内完成，不同地区考生的考试安排在不同日期内进行。

（三）体育中考测试项目类别

各级教育行政部门和学校要按照国办发（2012）53号文件关于对中招体育考试工作的总体要求，做好中招体育考试工作。中招体育考试仍由各省辖市（省直管县）教育行政部门统一组织实施。以湖南省为例，湖南省教育厅对本省各市、州的体育中考没有规定统一的实施方案，但在《关于进一步加强初中毕业升学体育考试、完善中招制度的通知》中给出了相关要求和指导性建议。通知要求初中毕业升学体育考试成绩应当包括体育统一考试成绩和平时体育成绩（平时体育成绩由体育课成绩、平时体育锻炼考核成绩和《国家学生体质健康标准》测试成绩组成，比例由各市、州确定）。

考试项目设置主要依据《国家学生体质健康标准》（2014年修订）规定的测试项目。其中男子1 000m、女生800m为比测项目。其他测试项目可结合各地实际情况选择可量化、易操作，对增强学生体质成效明显的耐力、力量、速度素质和运动能力项目，具体评分标准按照教育部《国家学生体质健康标准》（2014年修订）有关评分标准执行。若所选项目在《国家学生体质健康标准》（2014年修订）中没有体现，可沿用2007版《国家学生体质健康标准》有关评分标准执行。

（四）体育中考的成绩评定方法

①初中毕业生升学"体育统一考试"由必考项目、选考项目和学生自行选考项目三部分组成。考试成绩由上述三项考试成绩组成，具体成绩评定办法由市、州教育局确定。

②初中毕业升学体育考试成绩由体育统一考试成绩和平时体育成绩两部分组成，其中体育统一考试成绩占初中毕业升学体育考试成绩的比例应不低于80%。

③湖南省部分市、州实行"体育优胜者加分制度（如衡阳市）。凡在初中阶段进行市、县教育行政部门组织的各项体育竞赛中取得前三名的学生，可在体育考试成绩中加10分；取得前六名的学生，可在体育考试成绩中加5分。加分项目不累计，只取一项最高成绩加分，并不得超过满分。

④平时体育考试、考核和测试按照《国家学生体质健康标准》《初中体育与健康教学课程标准》等有关规定执行。平时体育成绩由体育课成绩、平时体育锻炼考核成绩和《国家学生体质健康标准》测试成绩组成，比例由市、州确定。

⑤初中毕业生升学"体育统一考试"测试项目的评分，参照教育部制定的《国家学生体质健康标准》评分表中初三年级的评分标准执行。

二、关于备战中考相关教学内容及建议

（一）身高、体重测试

身高、体重是根据某年龄人群的平均发育水平，划分出一定身高所对应的体重正常范围标准，超出这个标准范围则说明存在身体发育异常。身高、体重是反映人体匀称度、生长发育水平与营养状况的重要指标，可判断身体是否肥胖、超重、过轻或营养不良。

由于太瘦或太胖都会影响身高体重指示数的测试成绩，所以一定要将体重控制在和自己身高相适宜的范围之内。

1. 测试方法

受试者赤足，以立正姿势站在身高计的底板上（上肢自然下垂，足跟并拢，足尖分开成60°）。足跟、骶骨部及两肩胛间区与立柱相接触，躯干自然挺直，头部正直，耳廓上缘与眼眶下缘呈水平位。记录以厘米为单位，精确到小数点后一位。

2. 测试注意事项

测量体重时要尽量穿着贴身的衣服。测量身高时要严格按照"三点靠立柱""两点呈水平"的测试要求。即以立正姿势站立，脚后跟、后背、头三点紧贴立柱，站直两目平视，耳廓上缘与眼眶下缘处于同一水平。

3. 锻炼方法

（1）增高的锻炼方法指导

虽然遗传是影响人体身高的重要因素，但后天的努力，尤其是运动、营养和环境对身高的影响非常明显。体育运动能借助刺激机体的代谢过程影响骨组织的加速生长。根据对骨结构和生长规律的影响可将有助于增高的运动分为以下三类：

①弹跳、跑步等下肢运动，包括跳绳、跳橡皮筋、蛙跳、趴跳、跳高及伸手摸高以及上楼梯、爬山、踢毽等。这些运动可增加下肢承重力，使骺软骨在运动中不断受到挤压和摩擦刺激，强化骨细胞加快分裂、吸收、骨化，使骨骼生长。

②伸展运动，如健美操、自由体操、单杠（悬垂、引体）、踢腿、压腿、全身伸展练习及游泳等。这类运动能够使关节充分伸展，肌肉和韧带拉长，并增加柔韧性。如单杠引体向上可以拉伸脊柱，促进脊柱骨的生长。游泳可以使全身各部分得到舒展和锻炼，有利于长高。

③全身性运动，如篮球、排球、羽毛球、舞蹈等。全身运动能使血液循环加快，新陈代谢旺盛，生长激素分泌增多，使食欲和睡眠质量提高。

（2）保持适宜体重的锻炼方法指导

体育锻炼对体重的影响不是一朝一夕就能见到成效的。要想使自己的体重保持在正常范围内，一定要养成有规律的体育锻炼和饮食习惯。

体重过高或过低均属于身体发育不正常，在身高、体重测试中不能取得好成绩。所以体重过低的同学要增加肌肉重量，而体重过高的同学则要减少身体中的脂肪含量。

①减肥的锻炼方法指导。运动锻炼与适当节食相结合是限制膳食总热量摄入而不只是限制脂肪。同时学生要减少碳水化合物（糖）的摄入，一方面可降低体内的糖合成脂肪，另一方面会使体内的糖原储备降低，从而促进人体燃烧脂肪，减少体脂的储存。

调节饮食结构少吃含糖和脂肪高的食品（如油炸食品和糕点）、多吃含膳食纤维、维生素多的食品（如粗粮、蔬菜和水果）。

实现"以静为主"到"以动为主"的生活方式转变，增加体力活动，改变不良生活习惯，如睡懒觉、吃饭快、以车代步等。

坚持有规律的有氧运动如步行、慢跑、游泳、骑自行车、跳健身操等，运动中心率保持在最大心率的60%~70%为宜，每周锻炼5~6天，每天锻炼时间不少于30min，消耗热量不低于300千卡。

减肥要持之以恒，培养对某一种运动的兴趣爱好，以便长期坚持。三天打鱼、两天晒网的锻炼或者偶尔心血来潮的运动，起不到减肥的成效。

②增加肌肉重量的锻炼方法指导。增加肌肉重量要靠"两条腿"走路，一条腿是加强营养，尤其是蛋白质营养；另一条腿是力量锻炼。离开哪一条腿，增加肌肉重量的成效都不显著。实践证明，增加体重比减肥难度更大，所以要持之以恒。

饮食方面，在保证平衡膳食的基础上要加强蛋白质的供应，尤其是优质蛋白（动物蛋白和大豆蛋白），使蛋白质的供应量达到每千克体重2~3g。例如，体重为45kg的学生，其蛋白质每天应该摄入90~135g。如何才能保证这个摄入量，介绍一个简单易行的方法，即从以下食品中每天选取5种一起食用，鱼、虾、蟹等海产品，鸡、鸭等禽类，牛、羊、猪等畜类，蛋类、奶及奶制品类，大豆及其制品类。每种的重量在100g，也可以适当补充市场销售的蛋白粉。

在力量锻炼方面，要以全身大肌肉群的锻炼为主，阻力（哑铃或杠铃的重量）以一次能连续完成肌肉收缩5~15次较适宜，休息2~5min，再进行下一组练习，共练习5~6组。力量锻炼能增加身体肌肉蛋白合成的能力，使肌肉变得强壮。

（二）肺活量测试

肺活量体重指数是肺活量与体重的比值。肺活量是表示尽力吸气后再尽力呼气，所能呼出的全部气体体积。肺活量是评价人体呼吸系统机能的重要指标。由于肺活量的大小与体重、身高、胸围等因素有着密切的关系，如体重大的人肺活量也大，但其肺活量的大部分是为了克服自身体重负荷，不代表呼吸系统功能的实际水平，所以，体育中考以肺活量体重指数作为测试指标。

1. 肺活量的测试方法

肺活量的测量受人为因素影响较大，故应由专业人员使用规范的肺活量计和标准方法进行测量。受试者应充分放松，头部略向后仰并尽力深吸气直到不能再吸时，将嘴对准吹嘴做一次性尽力深呼气，直到不能再呼气时为止。

提示：呼气中，嘴与吹哨之间不能漏气，也不得二次吹气。体育中考时是测试两次，取最大值。

2. 肺活量体重指数的评价

将测得的最大肺活量值除以体重即为肺活量体重表示数，评价标准参照《国家学生体质健康标准》初三学生评分标准。

3. 肺活量测试注意事项

如采取仪器测试，手持吹管吹气时，要保证测试传感器在吹管上方；每次测试完毕后，听主机系统的语音提示再进行第二次测试。受试者应将吹嘴插牢，防止因漏气造成测量不准确。受试者吹气时，嘴部与吹嘴之间要紧密接触，以防漏气。受试者吹气时要保持匀速，用力适中，中途不得停顿。测试过程中，受试者不得过多地弯腰、下蹲。

4. 肺活量锻炼指导

（1）深呼吸练习

嘴闭紧，慢慢地由鼻孔匀速吸气，体会胸腹慢慢扩大的感觉，这个过程一般需要5s。感觉肺部充满空气后，屏住呼吸5s，然后再慢慢吐气，使肋骨和胸腔渐渐回到原来位置。停顿1~2s后，再从头开始，反复练习3~5min。经过一段时间的练习，可逐渐增加屏气时间至10s、15s，甚至更多。

（2）有氧运动

采用变速跑练习，即快速跑100~200m，然后慢跑或快走100~200m，每跑1000~2000m为一组，每次锻炼最好2~3组。也可以采用每天20~30min的慢跑运动，跑步时注意做到呼吸自然，不要憋气。另外，游泳是提高呼吸肌力量和增强肺活量的有效方法。

（3）其他身体练习

学习可经常性做一些扩胸、振臂以及双臂的伸展练习；有音乐爱好的同学，可借助唱歌，吹笛子、口琴等乐器来锻炼肺活量；另外，跳绳、踢足球、打篮球、打羽毛球、爬山等也是很好的能够增强肺活量的运动。

提示：提高肺活量的体育锻炼方式主要是有氧运动，其目的是提高人体的耐力素质和心肺功能。

（三）800m跑与1000m跑测试

在体育中考中，女生测试800m跑，男生测试1000m跑。800m跑和1000m跑属中长跑项目，可以测评学生的耐力素质和心肺功能。

1. 测试方法

受试者8~12人一组进行测试，以站立式姿势起跑，听到发令枪响后奋力向前冲，根据自身的运动能力，合理控制跑步过程中的速度，直到跑到终点。以分、秒为单位记录测试成绩。

2. 测试注意事项

在男生1000m跑、女生800m跑测试过程中是不分道的。如果有挤撞、阻挡和推拉现象，并妨碍别人跑进时，将被取消测试成绩。测试时不能穿钉鞋、皮鞋，要穿田径鞋或轻便的运动鞋。

3. 锻炼指导

（1）技术动作指导
①起跑受试者听到测试员发出"各就各位"口令后，两腿弯曲，前后开立，有力的一脚在前，站于起跑线后。然后身体重心下降，上体前倾。一臂自然弯曲于体前，另一臂稍屈在后，静听出发信号。当听到"出发"的信号后，两脚同时用力后蹬，后腿迅速前摆，两臂用力前后摆动，身体保持前倾姿势向前冲出。
②途中跑：两脚前脚掌或者全脚掌着地，后腿充分蹬地，协调摆臂、上体正直、稍前倾。
③弯道跑：身体略向左倾斜，右脚内侧、左脚外侧着地，右臂摆动幅度大，左臂摆动幅度小。
④冲刺：上体加大前倾幅度，用力摆臂，冲过终点。
（2）锻炼方法指导
800m跑和1000m跑测试均是用来评价学生的耐力运动素质和心肺功能的项目。所以，日常训练应采用有氧运动进行训练。
下面介绍两种常用的提高耐力素质的锻炼方法：
①1000~1500m慢跑练习：不要求速度，同时不计时间，但要保证达到改善心肺功能的基本负荷强度，坚持两天慢跑一次，坚持2个月的时间就可见到成效。
②跟随自行车跑：3~4人一组，一人骑自行车，其他人跟跑，可选择在平坦道路或清晨车流量很小的自行车道以及公园草路上跑，运动时间40min。

（四）台阶实验测试

台阶实验是一种评价心血管机能的简易方法。它借助受试者在一定时间内（3min），按照一定速度反复上下一定高度的台阶后心率的恢复情况，以及受试者的心血管系统功能水平的一种运动负荷试验方法。运动后心率恢复速度越快，台阶表示数值越大，则反映人体心血管系统的机能水平越高。

1. 测试方法

受试者从预备姿势开始，按照以下方式测试：①受试者一脚踏在台阶上；②踏台腿伸直成台上站立；③先踏台的脚先下地；④还原成预备姿势。用2s上、下一次的速度连续做3min。做完后，保持静止状态休息，测量运动结束后的60~90s、120~150s、180~210s的三次脉搏数，并用下列公式求得评定表示数，计算结果精确到个位。

台阶表示数=（上、下台阶运动的持续时间（秒）×100）/（2×（3次测定脉搏的和）

2. 测试注意事项

①有心脏病的学生不能进行测试。

②按2秒上、下一次的节律进行。当受试者跟不上节奏时，测试人员会及时提醒，如果三次跟不上节奏则停止测试。

③上、下台阶时，膝、髋关节必须伸直。

④上、下台阶时注意呼吸节奏，踏上吸气，下台呼气。

⑤用力量较大的腿做踏上踏下，确实累了，再用左右腿轮换做。

⑥测试完毕后不要说笑和来回走动，应安静坐下，以免影响心率恢复。

3. 锻炼指导

这里我们所说的台阶实验是用来评价学生的循环系统功能，也就是心肺耐力水平测试项目。所以，日常有规律的有氧运动锻炼是提高台阶实验成绩的不错方法。如慢跑、骑自行车、做有氧健身操、跳绳、跳舞、长距离游泳等。同时，下肢肌肉力量的锻炼也有助于台阶实验成绩提高。

（五）坐位体前屈测试

身体柔韧性低不仅影响人体的伸展和灵活性，还会限制力量、速度和身体协调能力的发挥，而且体力活动过程中还容易造成肌肉和韧带的损伤。

坐位体前屈测试是评价身体柔韧性素质常用的指标之一，主要测试学生在静止状态下的躯干、腰、髋、腿等部位可能达到的最大活动幅度，从而反映这些部位肌肉、肌腱和韧带的伸展性和弹性。

1. 测试方法

受试者坐在平地上，两腿伸直，脚跟并拢，脚尖分开约10~15cm，踩在测量计平板上；然后两手并拢，两臂和手伸直，渐渐使上体前屈，用两手尖轻轻推动标尺上的游标前滑，直到不能继续前伸时为止。做两次，记录最好成绩。以厘米为单位，精确坐位体前屈测试到小数点后1位。游标在0点以前为负值，0点以后为正值。

2. 测试注意事项

①身体前屈，两臂向前推动游标时两腿不能弯曲。
②受试者应匀速向前推动游标，不得突然发力。
③测试前可适当做些准备活动，如腰背部和大腿后群肌肉的牵拉。

3. 锻炼指导

坐位体前屈是评价身体柔韧性的方法，所以日常的柔韧性练习可提高测试成绩。由于柔韧性练习涉及的不只是一个关节和某个身体部位，而是几个相互关联的部位，所以日常训练时要加强全身各部分的柔韧性训练，把肩、躯干、腰、腿、踝等部位都兼顾到。

下面介绍一些辅助练习方法。

（1）立位练习法

①双腿开立体前屈练习法。双脚开立同肩宽，膝关节伸直，腰部、背部放松，双手自然下垂，加振动做体前屈练习。

②单腿支撑练习法。以左腿为例，左脚向左前方迈一小步，脚跟着地成支撑，脚尖勾回，膝关节伸直，身体重心落在右腿上，右腿膝关节弯曲；左手压在左脚膝关节上，加振动用右手摸（抓）左脚脚尖。

③双腿并拢支撑体前屈练习法。双腿并拢站立，膝关节伸直，腰部、背部放松，双手自然下垂，加振动做体前屈练习。

（2）坐位练习法

①单腿练习法。以左脚为例，左脚膝关节伸直，脚尖勾回，右腿自然曲于体前（膝关节向外），身体前扑，加振动用右手抓左脚脚尖或前脚掌。

②双腿练习法。坐在地上，双腿并拢，膝关节伸直，脚尖勾回，身体前扑，加振动用双手去抓双脚脚尖或者双脚前脚掌。

（3）利用台阶练习法

学生站在上一级台阶上，直腿做体前屈振动运动，用手尖或手掌去触摸下一级台阶的台面。

（六）实心球掷远测试

实心球掷远是测试学生的上肢爆发力以及全身协调用力地能力。掷实心球练习可有效发展人体腰、腹、背部和上肢肌肉力量，是日常力量训练的常用方法。

1. 测试方法

测试者站在测试线后，每人向前投掷三次，记录三次中最高成绩。丈量是从起掷线后量至球落地点后沿之间的垂直距离。

动作要领：双手握球置于胸前，双脚前后自然分开站在投掷线后，持球经胸前举到头顶后上方，手臂尽量后引，增加用力的工作距离，拉长用力的肌肉群。同时，身体后仰成弓状然后双脚用力蹬地，身体重心前移挺胸收腹，做鞭打甩臂动作的同时双手拨球、抖腕，用力把球从头前上方投掷出去，后脚顺势跟上。

2. 测试注意事项

①受试者需原地投掷，不得助跑。
②球出手的同时后脚可向前迈出一步，但脚不能踩线。

3. 锻炼指导

（1）增强肌肉力量

要想把实心球掷得更远，需要全身协调用力，重点需要加强上肢和腰腹部肌肉力量。

（2）各种姿势的实心球抛掷练习

熟悉球性练习是提高实心球投掷成绩的有效方式，借助各种不同姿势的实心球抛掷练习，可体会不同部位向不同方向用力地身体感觉。

（七）仰卧起坐测试

仰卧起坐是评价人体腹部肌肉力量（包括腹直肌、腹内斜肌和腹外斜肌）的常用测试方法。经常做仰卧起坐练习，可以使腹部平坦紧绷，腰部纤细，保持优美身材。同时，拥有强健的腹部肌肉，帮助身体完成许多高难度动作。

仰卧起坐为体育中考女生的考试项目，男生不进行。

1. 测试方法

两人一组、一人测试，另一人双手压紧受试者双脚脚腕，以固定下肢、并计取成功的次数，测试员发出"预备—起"口令的同时开秒表计时，记录1min内所完成的次数。

受试者仰卧于垫上两腿并拢屈膝大小腿成90°角，双手五指分开交叉置于脑后。听到口令后，做仰卧起坐动作。仰卧时两手和两肩胛必须触及垫子；起坐时以两肘触及膝关节、记完成一次，有些地区以身体前屈至双手触及脚背为完成一次。测试人员发出"开始"口令的同时开表计时，记录1min内完成的次数。

2. 测试注意事项

①受试者仰卧时两手背部及身体背部必须触垫，起坐时两肘必须触及两膝部，发现违规动作时，该次不计。
②时间结束，受试者虽然起坐，但两肘未能触及膝盖者，该次不计。
③在垫子或其他垫物上做，注意头不要碰地。
④测试过程中要给受试者报数。

3. 锻炼指导

下面介绍两种常见的腹部肌肉练习方法，腹部力量增强了，仰卧起坐和实心球掷远的测试成绩都会得以提高。
（1）仰卧举腿练习
平躺在垫子上，两腿并齐向上平举90°，同时注意腹部肌肉的用力收缩。每次做2~3组，腹部有酸胀感时休息。
（2）两头起练习
平躺在垫子上，两腿及头部同时向上抬起，用手触及脚尖。

（八）引体向上测试

引体向上是评价人体背部肌群和上肢肌群力量的常用方法之一。这个动作主要训练背阔肌和肱二头肌，对肩胛骨周围许多小肌肉群以及前臂肌群也有一定的训练成效，是攀岩、体操、武术等运动项目选手常用的锻炼方法。

引体向上是体育中考男生的考试项目，女生不进行测试。

1. 测试方法

受试者跳起，双手正握杠，两手与肩同宽，直臂悬垂，静止后两臂同时用力向上引体（身体不能有附加动作），上拉到下颌超过横杠上缘为完成一次。记录引体次数。

引体向上动作要领为：双手掌心向前握杠，略宽于肩，伸展后身体在单杠下悬垂；收缩背阔肌带动身体上升，当下颌超过单杠时稍做停顿，挺胸、向后收紧肩胛，再控制身体缓缓下降，然后进行下一个动作。为了更好地锻炼背部肌肉，动作过程中可以弯曲膝关节、将两小腿向后交叉，使身体略微后倾。

2. 测试注意事项

①引体向上时，身体不得做大幅度的摆动动作，也不得借助其他辅助力量。

②下颌未超过单杠，身体就下降，该次不计。

③两次引体向上的间隔时间超过10s终止测试。

3. 锻炼指导

上肢、肩部和胸部肌肉力量的练习，有助于提高引体向上测试的成绩。下面介绍几种常见的训练方法。

（1）俯卧撑练习

两臂与肩同宽，双腿伸直两脚并拢，大小臂在下落时屈曲达到90°-100°。每组练习达到个人最大完成次数，休息5~10min，再进行下一组，每天2~3组。

（2）双杠练习

在双杠上双臂上下支撑，两腿保持悬垂状态，注意身体不要晃动。

（3）哑铃练习

针对肱—头肌和背阔肌进行专门练习。

（九）握力测试

握力测试是评价手部和前臂肌肉力量的不错方法，同时也是间接反映全身力量素质的主要指标。人在做抬、拿、拉、扯、拧、搬等活动时拥有较大的握力，完成这些动作也比较顺利。相反，即使全身有足够力气，只是握力差，也时常不能很好地完成这些动作。所以，握力是反映人生存和活动能力的重要指示标。

体育中考对于握力成绩的评定采用握力体重指数，即用受试者的最大握力除以本人体重，这便于在不同体重者之间进行握力比较。

1. 测量方法

受试者需放松两脚分开成直立姿势，手臂自然下垂，用相对有力的手全力紧握环，直到电子握力计显示屏上的数字变化停顿为止。每人两次机会，取两次测量中的最大值为最终成绩。

2. 测试注意事项

在握力测试中，有四点注意事项需要在实际测试中留意，如方式不正确会影响测试结果。

①持握力计要手心向内，握力计表示针朝外。

②用力时禁止摆动或接触身体。

③用有力的手测试。如果受试者分不出有力手，可两手各测两次，取最大值。

④握力计手柄的距离要根据测试者虎口到手第一个关节的长度进行调整。

3. 锻炼指导

这里我们主要针对握拳练习和前臂肌的两种练习方式提出一些有效的指导性建议，具体内容如下。

（1）握拳练习

不用任何器材，平时多做握拳的动作。握拳、松开，反复做足100次，每日利用空闲时间连续坚持做5组。也可以手持弹性橡胶圈或握力练习器，对抗阻力做握拳练习。

（2）前臂肌练习

用杠铃片、绳和握持棒组成复合练习装置，双手紧握握持棒，大小臂伸直，左右腕部和手交替旋转运动，将杠铃片提起，也可用其他重物代替杠铃片。当小臂感觉酸胀时就休息，一次练习2~3组。

（十）50m跑测试

初中阶段是学生速度素质发展的敏感期，而速度素质的好坏直接影响到各项运动技能的掌握和技术水平的提高。50m跑测试是评价速度素质常用的方法。

1. 测试方法

受试者4~8人为一组进行测试，以蹲踞式或站立式姿势起跑，当听到起跑口令后，以最快速度跑到终点。

2. 测试注意事项

①50m测试必须严格依照自己跑道，否则取消成绩。

②起跑时严格听从指令，否则全组重跑。

③过程中如出现特殊情况或人为因素摔倒，经裁判长同意后可补测一次。

3. 锻炼指导

50m跑的全程可以分为起跑、加速跑、途中跑和冲刺跑四个阶段。

①起跑：在体育中考测试中，大多数地区采取站立式起跑，与800m起跑姿势相比，50m跑身体重心稍低，以获得更大的蹬地力量。

②加速跑：用前脚掌着地，逐渐增起步幅，提高步频；两臂屈肘进行快速、有力、大幅度地摆动，尽快进入途中跑。

③途中跑：上体正直，略微前倾，头正直，肩放松、两眼平视，两臂自然摆动。由于50m跑的路程很短，所以，起跑和冲刺跑的技术显得尤为重要。

参考文献

［1］庄弼.初中体育与健康教学关键问题指导［M］.北京：高等教育出版社，2017.

［2］谢军，杨铁黎，毛振明.初中体育教师教学图解［M］.北京：北京师范大学出版社，2015.

［3］教育部教师工作司.初中体育教师教学指南（上）［M］.北京：北京师范大学出版社，2015.

［4］教育部教师工作司.初中体育教师教学指南（下）［M］.北京：北京师范大学出版社，2015.

［5］毛振明.初中体育教学策略［M］.北京：北京师范大学出版社，2010.

［6］王强.新课程课堂及教学技能指导与训练［M］.长春：东北师范大学出版社，2010.

［7］嵇明海.有效教学：初中体育教学中的问题与对策［M］.长春：东北师范大学出版社，2010.

［8］周登嵩，李林.全国中小学体育名师教学集锦［M］.北京：人民体育出版社，2009.

［9］阮华权.简论初中体育教学和学生素养的培养策略［J］.新课程（中），2017（08）：42-43.

［10］王继梁.初中体育教学融入拓展训练的思考［J］.北方文学（下旬），2017（05）：180-182.

［11］盛久埂.初中体育教学中如何锻炼学生的心理素质［J］.科教导刊（下旬），2015（12）：130-131.

［12］黎雄辉.探究初中体育教学中兴趣教学法的运用［J］.当代体育科技，2014（11）：79+81.

［13］徐丽娟.当前初中体育教学中的困境及对策分析［J］.教育教学论坛，2014（33）：162-163.

［14］司铁燕.体育游戏在初中体育教学中的作用及应用分析［J］.当代体育科技，2014（08）：85-86.

［15］陆新华. 初中体育教学提升学生主动参与策略探讨［J］. 体育世界（学术版），2012（11）：73–74.